汽车发动机实训指导书

主 编　杨文金　刘建峰
副主编　许利娜　汤乐平　魏湛锋
　　　　马普江　胡明胜　曾祥越

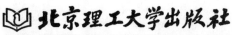

北京理工大学出版社
BEIJING INSTITUTE OF TECHNOLOGY PRESS

内 容 简 介

本书根据职业学校的教学实际，以现实发动机维修常见案例作为实训依据，根据实际教学需求，有针对性地设置实训教学任务，增强学生实际动手能力。每个项目均在实车上完成，贴近实践，增强学生对修理过程的真实感受。本书根据教材相对应地设计了 10 个项目供不同学校根据自身条件有选择性地完成。全书始终贯穿"7S"管理模式，以使学生具有良好的职业素养，为学生就业打好扎实的基础。

全书讲解清晰、简练，配有大量的图片，明了直观。本书适合作为职业院校汽车专业教材，也可作为汽车售后服务站专业技术人员的培训教材。

图书在版编目（CIP）数据

汽车发动机实训指导书 / 杨文金，刘建峰主编 . —北京：北京理工大学出版社，2022.1 重印
ISBN 978-7-5682-4508-1

Ⅰ.①汽… Ⅱ.①杨… ②刘… Ⅲ.①汽车－发动机－职业教育－教学参考资料
Ⅳ.① U464

中国版本图书馆 CIP 数据核字（2017）第 185842 号

出版发行 / 北京理工大学出版社有限责任公司
社　　址 / 北京市海淀区中关村南大街 5 号
邮　　编 / 100081
电　　话 /（010）68914775（总编室）
　　　　　（010）82562903（教材售后服务热线）
　　　　　（010）68944723（其他图书服务热线）
网　　址 / http：//www.bitpress.com.cn
经　　销 / 全国各地新华书店
印　　刷 / 定州市新华印刷有限公司
开　　本 / 787 毫米 ×1092 毫米　1/16
印　　张 / 6.5
字　　数 / 145 千字
版　　次 / 2022 年 1 月第 1 版第 3 次印刷
定　　价 / 22.00 元

责任编辑 / 陆世立
文案编辑 / 陆世立
责任校对 / 周瑞红
责任印制 / 边心超

图书出现印装质量问题，请拨打售后服务热线，本社负责调换

前言

截至 2016 年年底，我国汽车保有量已经突破了 1.94 亿辆。随着汽车电子技术的不断发展，车辆上电控系统的数量不断增多，而且功能也越来越复杂。特别是建立在先进传感技术基础上的故障诊断系统在各种汽车上大量应用之后，各种现代化检测诊断仪器和维修技术也应运而生，现代汽车已发展成为机电一体化的高科技载体。这给汽车维修业带来了极大的机遇和挑战，同时也对汽车维修人员的技术水平提出了更高、更新的要求。汽车发动机维修是汽车专业学生必须掌握的核心课程之一。

同时，为了解决学生学不懂、学习兴趣不浓、教材内容枯燥乏味，老师不好教等问题，北京理工大学出版社特邀请一批知名行业专家、学者以及一线骨干老师结合新的专业教学标准，规划出版了该套图解版汽车职业教育系列教材。

本系列教材坚持如下定位：

◇ 以就业为导向，培养学生的实际运用能力，以达到学以致用的目的；

◇ 以科学性、实用性、通用性为原则，以使教材符合职业教育汽车类课程体系设置；

◇ 以提高学生综合素质为基础，充分考虑对学生个人能力的提高；

◇ 以内容为核心，注重形式的灵活性，以便于学生接受。

本系列坚持理论知识图解化的基本理念，教材配有大量的插图、表格和立体化教学资源，介绍了大量的故障诊断、维修服务和营销案例。

◇ 在内容上强调面向应用、任务驱动、精选案例、严控质量；

◇ 在风格上力求文字简练、脉络清晰、图表明快、版式新颖；

◇ 在理论阐述上，遵循"必需"、"够用"的原则，在保证知识体系相对完整的同时，做到知识讲解实用、简洁和生动。

本书根据职业学校的教学实际，以现实发动机维修常见案例作为实训依据，根据实际教学需求，有针对性地设置实训教学任务，增强学生实际动手能力。每个项目均在实车上完成，贴近实践，增强学生对修理过程的真实感受。本书根据教材相对应地设计了 10 个项目供不同学校根据自身条件有选择性地完成。全书始终贯穿"7S"管理模式，以使学生具有良好的职业素养，为学生就业打好扎实的基础。

本书图文并茂、通俗易懂，适合作为职业院校汽车专业教材，也可作为汽车售后服务站专业技术人员的培训教材。

由于作者水平有限，书中可能会有疏漏和不妥之处，欢迎读者批评指正。

编　者

目 录

项目一　发动机外围部件的拆装与检测

一、实训目的

（1）认识发动机的外围部件，了解其安装位置。

（2）掌握拆装发动机外围部件的方法和要求。

二、实训前准备

（1）发动机（将发动机安装在拆装翻转架并放净机油），如图1所示。

（2）工具：组合套筒、鲤鱼钳、尖嘴钳、带轮专用拉码、扭力扳手等，如图2所示。

（3）耗材：密封胶。

图1　发动机

图2　各种专用工具

三、老师讲解示范

（1）拆卸。

（2）检查。

（3）安装。

四、实训管理

（1）学生分组：每组 4~5 人。先让学生自己分组，选出 1 名组长并记录名字，然后视情况进行适当调整，如表 1 所示。

表 1　学生分组表

第一组	第二组	第三组	第四组
组长：	组长：	组长：	组长：
成员：	成员：	成员：	成员：

（2）学生组长：协调成员，规范学生操作（表 2）并收集遇到的问题。

表 2　学生规范操作表（一）

第　　　组			
姓名：	姓名：	姓名：	姓名：
是否串岗（　　）	是否串岗（　　）	是否串岗（　　）	是否串岗（　　）
是否完成项目（　　）	是否完成项目（　　）	是否完成项目（　　）	是否完成项目（　　）
评价：优、良、差	评价：优、良、差	评价：优、良、差	评价：优、良、差

（3）老师指导：对操作现场进行安全检查，提醒学生注意安全，规范学生操作（表 3），解决并收集学生遇到的问题，指导班长协助管理。

表 3　学生规范操作表（二）

班长：

第一组组长	第二组组长	第三组组长	第四组组长
是否串岗（　　）	是否串岗（　　）	是否串岗（　　）	是否串岗（　　）
是否协调成员（　　）	是否协调成员（　　）	是否协调成员（　　）	是否协调成员（　　）
评价：优、良、差	评价：优、良、差	评价：优、良、差	评价：优、良、差

五、实训操作

1. 拆卸总成外围部件

基本原则：先拆两边（进气、排气），再从上往下拆，必要时再拆前或后。

（1）拆卸。排气歧管。

①按图 3 所示顺序拧松固定螺钉。

②取出排气歧管，如图 4 所示。

图3 拧松固定螺钉

图4 取出排气歧管

③取出排气歧管缸垫，如图5所示。

④按拆卸顺序摆放，如图6所示。

（2）拆卸燃油共轨及喷油嘴。

①拆卸燃油共轨的两颗固定螺钉，如图7所示。

②取出燃油共轨及喷油嘴，如图8所示。

③按拆卸顺序摆放，如图9所示。

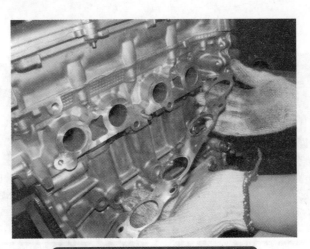

图5 取出排气歧管缸垫

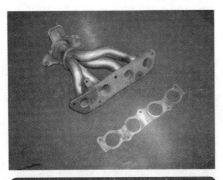

图6 按拆卸顺序摆放

图7 拆卸燃油共轨的两颗固定螺钉

图8 取出燃油共轨及喷油嘴

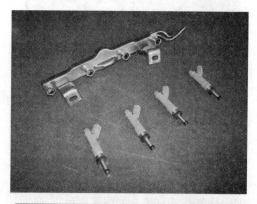

图9 按拆卸顺序摆放

（3）拆卸进气歧管。

①分两步以上交叉对角线式地拧松螺钉，如图10所示。

②取出进气歧管，如图11所示。

③按拆卸顺序摆放。

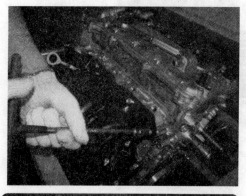

图10 拧松螺钉

图11 取出进气歧管

（4）拆卸起动机（不解体）。

①拆卸起动机的两颗固定螺钉。

②取出起动机。

③按拆卸顺序摆放。

（5）拆卸发电机（不解体）。

①拧松1号螺钉和2号螺钉，如图12所示。

②晃动发电机取出传动带，如图13所示。

图 12　拧松螺钉

图 13　取出传动带

③拧出 3 号螺钉，拆卸发电机上支架，如图 14 所示。

④拧出 2 号螺钉，取出发电机。

⑤按拆卸顺序摆放。

（6）拆卸水泵。

①按图 15 所示顺序拧松固定螺钉。

发电机上支架

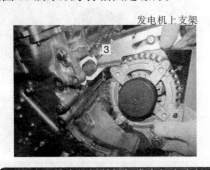

图 14　拧出螺钉并拆卸发电机上支架

图 15　拧松固定螺钉

②取出水泵，如图 16 所示。

③取出密封圈（不可重复使用，按时更换新件），如图 17 所示。

④按拆卸顺序摆放。

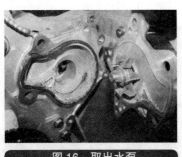

图 16　取出水泵

图 17　取出密封圈

（7）拆卸带轮。

①用扳手卡住飞轮，如图 18 所示。

②用扭力扳手拧松带轮固定螺栓，再用快速扳手拧出螺栓，如图 19 所示。

图 18　用扳手卡住飞轮

图 19　用工具固定与拧出螺栓

③取出带轮固定螺栓，如图 20 所示。

④用专用拉码拉出带轮，如图 21 所示。

⑤按拆卸顺序摆放。

图 20　取出带轮固定螺栓

图 21　用专用拉码拉出带轮

（8）拆卸飞轮。

①拧回带轮固定螺栓，用扳手卡住，如图 22 所示。

②用扭力扳手分两步交叉对角线式地拧松固定螺钉，再用快速扳手拧出螺栓，如图 23 所示。

图 22　拧回带轮固定螺栓

图 23　用工具固定与拧出螺栓

③取出飞轮，如图 24 所示。

④按拆卸顺序摆放。

图 24　取出飞轮

2. 检修总成外围部件（机械部分）

基本原则：

①按拆装顺序进行检修。

②不具备维修价值的部件，一旦损坏直接更换。

③不可重复使用的部件，应更换新件。

（1）检查传动带，如图 25 所示。

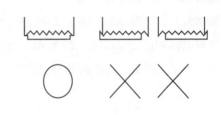

图 25　检查传动带

> **注意**
>
> ①"新传动带"是指在发动机运转的情况下使用时间少于 5min 的传动带。
>
> ②"用过的传动带"是指在发动机运转的情况下使用时间长达 5min 或以上的传动带。
>
> ③安装新传动带后，运转发动机约 5min，然后重新检查传动带的张紧度。
>
> ④在规定点处检查传动带的偏移量。
>
> ⑤检查传动带偏移量时，将其张紧力调整至规定值。
>
> ⑥检查使用超过的 5min 的传动带时，应采用用过的传动带的规格。重新安装使用超过 5min 的传动带时，应调整其偏移量和张紧力至各用过的传动带规格的中间值。
>
> ⑦发动机转动 2 圈后，应检查传动带的张紧度和偏移量。

（2）检查。传动带的偏移量和张紧力，见表4。

（3）检举水泵是否卡机。

表4　传动带的偏移量和张紧力

项目	偏移量 /mm	张紧度 /N
新传动带	7.5~8.6	637~735
用过的传动带	8.0~10.0	392~588

3. 安装总成外围部件

（1）基本原则：按照拆卸时相反的顺序安装，即最后拆的最先装。

（2）技术要点：

①用扭力扳手分两步交叉对角线式地依次拧紧固定螺栓到规定扭矩（请查阅相关发动机维修手册，例如丰田汽车 1ZR 发动机安装飞轮的规定扭矩为 49N・m）。

②在螺栓上做记号，在规定的扭矩上再拧 90°~135°。

（3）以下规定扭矩以丰田汽车 1ZR 发动机例：

①安装飞轮（规定扭矩为 49N・m）。

②安装带轮（规定扭矩为 190N・m）。

③安装水泵时，更换新密封圈（规定扭矩为 24N・m）。

④安装发电机和传动带，如图 28 所示。通过调发电机的螺钉 C 调整传动带的张紧度。

⑤安装机油尺分总成（更换新的 O 形圈）。

⑥安装进气歧管。

⑦安装燃油共轨。

⑧安装排气管（更换新的密封）。

（4）整理工具，打扫现场。

　六、练习与思考

（1）拆卸发动机外围部件前应准备哪些工具？

（2）拆卸发动机外围部件时应注意什么？

七、实训报告

（1）成员实训报告如表 5 所示。

表 5　成员实训报告表

姓名		班级		分组		日期	
实训项目							
实训内容							
自己评语							
老师评语							

（2）组长实训报告如表 6 所示。

表 6　组长实训报告

姓名		班级		分组		日期	
实训项目							
实训内容							
第　组							
姓名：		姓名：		姓名：		姓名：	
是否串岗（　　）		是否串岗（　　）		是否串岗（　　）		是否串岗（　　）	
是否完成项目（　　）		是否完成项目（　　）		是否完成项目（　　）		是否完成项目（　　）	
评价：优、良、差		评价：优、良、差		评价：优、良、差		评价：优、良、差	
自己评语							
老师评语							

（3）班长实训报告如表7所示。

表7　班长实训报告表

姓名		班级		分组		日期	
实训项目							
实训内容							

第一组	第二组	第三组	第四组
是否串岗（　　）	是否串岗（　　）	是否串岗（　　）	是否串岗（　　）
是否完成项目（　　）	是否完成项目（　　）	是否完成项目（　　）	是否完成项目（　　）
评价：优、良、差	评价：优、良、差	评价：优、良、差	评价：优、良、差

自己评语	
老师评语	

项目二　正时链条罩盖的拆装

一、实训目的

（1）认识正时链条罩盖上的正时记号。

（2）掌握拆装气缸盖罩盖与正时链条罩盖的方法和要求。

二、实训前准备

（1）发动机。

（2）工具：组合套筒、鲤鱼钳、尖嘴钳、带轮专用拉码、磁棒、扭力扳手等。

（3）耗材：密封胶、密封垫。

三、老师讲解示范

（1）拆卸。

（2）检查。

（3）安装。

四、实训管理

（1）学生分组：每组 4~5 人。先让学生自己分组，选出 1 名组长并记录名字，然后视情况进行适当调整，如表 8 所示。

表 8　学生分组表

第一组	第二组	第三组	第四组
组长：	组长：	组长：	组长：
成员：	成员：	成员：	成员：

（2）学生组长：协调成员，规范学生操作（表9）并收集遇到的问题。

表 9　学生规范操作表（二）

第　　组			
姓名：	姓名：	姓名：	姓名：
是否串岗（　　）	是否串岗（　　）	是否串岗（　　）	是否串岗（　　）
是否完成项目（　　）	是否完成项目（　　）	是否完成项目（　　）	是否完成项目（　　）
评价：优、良、差	评价：优、良、差	评价：优、良、差	评价：优、良、差

（3）老师指导：对操作现场进行安全检查，提醒学生注意安全，规范学生操作（表10），解决并收集学生遇到的问题，指导班长协助管理，如表10所示。

表 10　学生规范操作表（二）

班长：

第一组组长	第二组组长	第三组组长	第四组组长
是否串岗（　　）	是否串岗（　　）	是否串岗（　　）	是否串岗（　　）
是否协调成员（　　）	是否协调成员（　　）	是否协调成员（　　）	是否协调成员（　　）
评价：优、良、差	评价：优、良、差	评价：优、良、差	评价：优、良、差

五、实训操作

1. 拆卸总成外围部件

拆卸方法见项目一。

2. 拆卸气缸盖罩盖

基本原则：按从上往下、从前向后的顺序进行。

（1）拧出固定螺栓，拔出进、排气凸轮轴正时机油控制阀总成，按拆卸顺序摆放，如图26所示。

（2）拧出机油加注盖，按拆卸顺序摆放，如图27所示。

（3）拆卸各缸点火线圈，拧出固定螺栓，拔出点火线圈，按拆卸顺序摆放，如图28所示。

图26 拆卸进、排气凸轮轴正时机油控制阀总成

图27 拧出机油加注盖

（4）拆卸进、排气凸轮轴位置传感器，按拆卸顺序摆放，如图29所示。

（5）拆卸气缸盖罩。

①分两步交叉对角线（从外向内）式地拧松螺钉，如图30所示。

②拧出所有螺栓，并用橡胶锤打松气缸盖罩，如图31所示。

③取出气缸盖罩，按拆卸顺序摆放，如图32所示。

图28 拆卸各缸点火线圈

图29 拆卸进、排气凸轮轴位置传感器

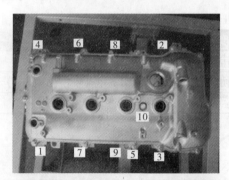

图30 拧松螺钉

图31 拧出螺栓并打松气缸盖罩

图32 取出气缸盖罩并摆放好

（6）拆卸正时链条张紧器，按拆卸顺序摆放，如图33所示。

（7）拆卸机油滤清器

①用专用工具拆卸机油滤清器，如图34所示。

②拆卸机滤清器支架，如图35所示。

（8）拆卸正时链条罩盖。

①分两步交叉对角线（从外向内）式地拧出螺钉。

②按拆卸顺序摆放，如图36所示。

图33　拆卸正时链条张紧器

图34　拆卸机油滤清器

图35　拆卸机滤清器支架

图36　拆卸正时链条盖

3.　检修总成外围部件

基本原则。

①按拆装顺序进行检修。

②不具备维修价值的部件，一旦损坏直接更换。

③不可重复使用的部件，应更换新件。

④原来打胶密封的部件，安装时应重新打胶密封。

（1）检修正时链条罩盖。

①用铲刀把旧的密封胶刮掉（注意不要刮伤密封表面）。

②用化油清洗剂或汽油把正时链条罩盖清洗干净。

③检查正时链条罩盖是否有裂纹或破损。

（2）检修正时链条张紧器，如图 37 所示。

①用手指提起棘轮爪时，检查并确认柱塞移动平稳。

②松开棘轮爪，检查并确认棘轮爪将柱塞锁止就位。

4. 安装

图 37　检修正时链条张紧器

（1）基本原则：按照拆卸时相反的顺序安装，即最后拆的最先装。

（2）技术要点：

①用扭力扳手分两步交叉对角线式地依次拧紧固定螺栓到规定扭矩。

②如图 38 所示，在螺栓上做记号，在规定的扭矩上再拧 90° ~135° 之间。

③如果原来的部件结合面涂有密封胶，拆卸后应把原来的密封胶刮干净，重新涂密封胶。密封胶应涂成圆柱形，直径大于 3mm，如图 38 所示。

图 38　密封胶应涂成圆柱形

 六、练习与思考

（1）涂密封胶时，如何规范操作？

（2）拆卸发动机应查阅哪些资料？

七、实训报告

（1）成员实训报告如表 11 所示。

表 11　成员实训报告表

姓名		班级		分组		日期	
实训项目							
实训内容							
自己评语							
老师评语							

（2）组长实训报告如表 12 所示。

表 12　组长实训报告

姓名		班级		分组		日期	
实训项目							
实训内容							
第　　　组							
姓名：		姓名：		姓名：		姓名：	
是否串岗（　）		是否串岗（　）		是否串岗（　）		是否串岗（　）	
是否完成项目（　）		是否完成项目（　）		是否完成项目（　）		是否完成项目（　）	
评价：优、良、差		评价：优、良、差		评价：优、良、差		评价：优、良、差	
自己评语							
老师评语							

（3）班长实训报告如表 13 所示。

表 13　班长实训报告表

姓名		班级		分组		日期	
实训项目							
实训内容							
第一组		第二组		第三组		第四组	
是否串岗（　）		是否串岗（　）		是否串岗（　）		是否串岗（　）	
是否完成项目（　）		是否完成项目（　）		是否完成项目（　）		是否完成项目（　）	
评价：优、良、差		评价：优、良、差		评价：优、良、差		评价：优、良、差	
自己评语							
老师评语							

项目三　气缸盖、正时链条及凸轮轴的拆装

一、实训目的

（1）掌握做正时记号方法。

（2）掌握拆装气缸盖、正时链条及凸轮轴的方法和要求。

二、实训前准备

（1）发动机。

（2）工具：组合套筒、鲤鱼钳、尖嘴钳、带轮专用拉码、磁棒、扭力扳手、花键扳手、塞尺、百分表等。

（3）耗材：密封胶、密封垫。

三、老师讲解示范

（1）拆卸。

（2）检查。

（3）安装。

四、实训管理

（1）学生分组：每组 4~5 人。先让学生自己分组，选出 1 名组长并记录名字，然后视情况进行适当调整，如表 14 所示。

表 14　学生分组表

第一组	第二组	第三组	第四组
组长：	组长：	组长：	组长：
成员：	成员：	成员：	成员：

（2）学生组长：协调成员，规范学生操作（表 15）并收集遇到的问题。

表 15　学生规范操作表（一）

第　组			
姓名：	姓名：	姓名：	姓名：
是否串岗（　　）	是否串岗（　　）	是否串岗（　　）	是否串岗（　　）
是否完成项目（　　）	是否完成项目（　　）	是否完成项目（　　）	是否完成项目（　　）
评价：优、良、差	评价：优、良、差	评价：优、良、差	评价：优、良、差

（3）老师指导：对操作现场进行安全检查，提醒学生注意安全，规范学生操作（表 16），解决并收集学生遇到的问题，指导班长协助管理。

表 16　学生规范操作表（二）

班长：

第一组组长	第二组组长	第三组组长	第四组组长
是否串岗（　　）	是否串岗（　　）	是否串岗（　　）	是否串岗（　　）
是否协调成员（　　）	是否协调成员（　　）	是否协调成员（　　）	是否协调成员（　　）
评价：优、良、差	评价：优、良、差	评价：优、良、差	评价：优、良、差

 五、实训操作

1. 拆卸总成外围部件

（1）拆卸气缸盖罩盖与正时链条罩盖。

基本原则：先拆两边（进、排气），再从上往下拆，必要时再拆前或后。

（2）找正时记号或做正时记号。

①检查 1 缸处于压缩上止点。

方法一：具体方法如图 39 所示。

方法二：

●暂时紧固曲轴带轮螺栓。

●逆时针转动曲轴，以使正时齿轮键位于顶部，如图 40 所示。

●拆下曲轴带轮螺栓。

将带轮记号（小缺口）
对准壳体上的O的位置

图 39　检查 1 缸压缩点

正时齿轮键

图 40　转动曲轴使正时齿轮键位于顶部

②查看凸轮轴正时记号。

●检查每个凸轮轴正时齿轮上的正时标记。

●如图 41 所示，将标记板（橙色）和正时标记对准并安装链条。

标记板

正时标记

图 41　将标记板（橙色）和正时标记对准并安装链条

方法三：自己做记号（找不到原有的正时记号时）。

找 1 缸压缩上止点。

●先将 1 缸火花塞拧出，再把机油尺插入 1 缸火花塞孔，如图 42 所示。

●转动曲轴，观察机油尺被 1 缸活塞顶至最上位置，同时进、排气门都处于关闭时，即 1 缸压缩上止点位置。

机油尺

●用油漆做正时记号。在进、排气凸轮轴与固定壳体的相对位置做记号，在曲轴与固定壳体的相对位置做记号。

（3）拆卸正时链条。

①拆卸链条张紧器导板。

②用扳手分别固定住进排、气凸轮轴，取出正时链条。

（4）拆卸凸轮轴轴承盖。

图 42　确定 1 缸压缩上止点

①检查进气凸轮轴正时齿轮总成。

●检查凸轮轴正时齿轮的锁止情况。

●清理和除去 1 号凸轮轴轴承盖进气侧 VVT 机油孔的油脂后，用胶带或同等品将机油孔完全密封，以防止空气泄漏。

●在密封机油孔的胶带上刺一个孔。

确保完全密封机油孔，因为密封不充分导致的空气泄漏会妨碍锁销的松开。

●向刺出的孔施加大约 150kPa 的空气压力，以松开锁销，如图 55 所示。
●用力将凸轮轴正时齿轮总成朝提前方向（逆时针）旋转。

注　意

　如果空气泄漏，则重新用胶带密封。施加空气压力时用抹布或布片盖住机油孔口，防止机油飞溅。

●在可移动范围（26.5°~28.5°）内旋转凸轮轴正时齿轮总成 2 次或 3 次，但不要使其转到最大延迟位置。确保凸轮轴正时齿轮总成转动顺畅，如图 43 所示。

注　意

　根据施加的空气压力，凸轮轴正时齿轮总成可能不需用手即能朝提前方向旋转。

●从 1 号凸轮轴轴承盖上取下胶带。
②检查排气凸轮轴正时齿轮总成。
●检查排气凸轮轴轴承排气侧的 VVT 机油孔的油脂后，用胶带或同等品将机油孔完全密封，以防止空气泄漏。
●在密封机油孔的胶带上刺一个孔。
●向刺出的孔施加大约 200kPa 的空气压力，以松开锁销。
●使用头部缠有胶带的螺钉旋具，用力朝延迟方向（顺时针）转动排气凸轮轴正时齿轮，如图 44 所示。

图 43　松开锁销

图 44　转动排气凸轮轴正时齿轮

注 意

　用螺钉旋具确保排气凸轮轴正时齿轮保持在延迟方向。如果齿轮松开，它将在弹簧力的作用下自动回到最大提前位置。不要损坏排气凸轮轴正时齿轮。

●使用头部包有胶带的螺钉旋具，在可移动范围（19°~21°）内旋转排气凸轮轴正时齿轮2次或3次，但不要将其转到最大提前位置。确保排气凸轮轴正时齿轮转动顺畅。

●从1号凸轮轴轴承盖上取下胶带。

（5）拆卸凸轮轴正时齿轮总成。

注 意

①拆卸凸轮轴正时齿轮前，确保锁销已松开。

②不要拆下另外4个螺栓。

③将凸轮轴正时齿轮总成从凸轮轴上拆下时，要使其保持水平。

（6）拆卸凸轮轴轴承盖。

①按图45所示顺序，均匀地拧松并拆下10个轴承盖螺栓。

②按图46所示顺序，均匀地拧松并拆下15个轴承盖螺栓。

③拆下5个轴承盖。

注 意

①按正确的顺序摆放拆下的零件。

②在曲轴处于水平状态的同时均匀地拧松螺栓。

图45　拆下10个轴承盖螺栓

图46　拆下15个轴承盖螺栓

④取出凸轮轴轴承盖，按拆卸顺序摆放整齐，如图47所示。

⑤取出进、排气凸轮轴，如图48所示，按拆卸顺序摆放整齐。

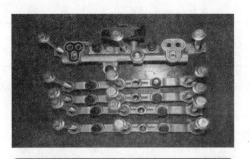

图 47　取出凸轮轴轴承盖并摆放整齐

图 48　取出进、排气凸轮轴

（7）拆卸凸轮轴下端盖。

①拆下两个螺栓。

②用橡胶锤打松并取出下轴承盖，如图 49 所示，按拆卸顺序摆放整齐。

③取出气门摇臂、气门杆盖、气门间隙调节器，如图 50 所示。

图 49　取出下轴承盖

图 50　取出气门摇臂、气门杆盖、气门间隙调节器

图 51　按拆卸顺序摆放整齐

按拆卸顺序摆放整齐，如图 51 所示。

（8）拆卸气缸盖。

①用 10mm 的双六角、扳手，分几步均匀地松开并拆下 10 个气缸螺栓和 10 个平垫圈。

注 意

螺栓拆卸顺序不正确会导致气缸盖翘起或开裂。

②必须分两步以上交叉对角线式地拧松并取出所有螺栓，如图52所示。

③用橡胶锤打松并取出气缸盖，如图53所示。

④按拆卸顺序摆放，如图54所示，摆放时气缸盖下平面应用木块垫起。

⑤取出气缸垫（安装时应更换新气缸垫），如图55所示。

图52 取出所有螺栓

图53 取出气缸盖

图54 按拆卸顺序摆放

图55 取出气缸垫

（9）拆卸气门组。

①用专用工具压下气门弹簧。

注 意

　　此时的气门弹簧处于预紧状态，如拆卸不当，则弹簧会弹出击伤人，因此必须用专用的气门弹簧拆卸器进行规范操作，如图56所示。拆卸时，使用弹簧拆卸器将弹簧座连同已被预紧的弹簧一起压下，使锁销（锥形锁片）处于自由状态，然后将弹簧座连同弹簧一起慢慢放松，直至弹簧处于完全放松的自由状态。

气缸盖　　　气门弹簧拆卸器
图56 拆气门弹簧

②用带磁的螺钉旋具吸出气门锁片，如图 57 所示。

③取出气门弹簧，取出气门，如图 58 所示。

图 57　取出气门锁片

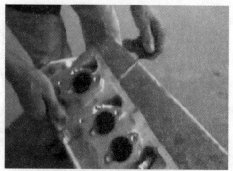

图 58　取出气门

2. 检修

基本原则：

①按拆装顺序进行检修。

②不具备维修价值的部件，一旦损坏直接更换。

③不可重复使用的部件，应更换新件。

（1）检修气缸盖。用汽油或化油清洗剂把气缸盖及气门组清洗干净，如图 59 所示。

①检验气门。检验气门主要检查气门杆的磨损、气门杆的变形、气门工作面的磨损或烧蚀等。

●检测气门杆的磨损量，测量方法如图 60 所示。

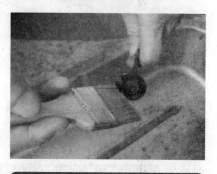

图 59　清洗气缸盖及气门

注　意

当载货汽车的气门杆的磨损量大于 0.10mm，轿车的气门杆的磨损量大于 0.05mm，或出现明显的台阶形磨损时，应予以更换。

●测量气门头圆柱面的厚度，测量位置如图 61 所示。

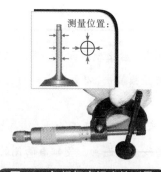

图 60　气门杆磨损度的测量

气门头圆柱面厚度

图 61　测量气门头圆柱面厚度

（2）检修气门弹簧。

如果气门弹簧有折断、歪斜、弹力减退等现象，应予以更换。

①检测弹簧自由长度。用游标卡尺进行测量，如图62所示，自由长度的缩短不得超过10%，否则应予以更换。

②检测气门弹簧垂直度。将气门弹簧放在平板上，用90°角尺测量（图63），气门弹簧的轴线与端面应垂直，垂直度误差不大于2°。

③检测气门弹簧弹力。用检测仪测量检测，将气门弹簧压至规定长度，台秤所示弹力即为所测气门弹簧弹力，弹力减弱不得超过原规定的8%。

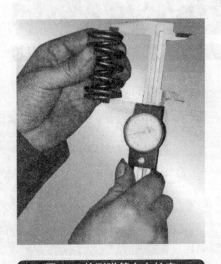

图62 检测弹簧自由长度

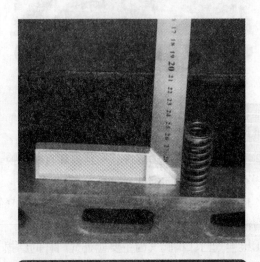

图63 检测气门弹簧垂直度

（3）检修气缸盖。

技术标准及要求：

● 气缸体变形：上平面最大变形量为0.05mm。

● 气缸盖变形：下平面表面最大变形量为0.05mm，进气歧管侧平面最大变形量为0.10mm，排气歧管侧平面最大变形量为0.10mm。

注意

（1）气缸体的上平面、气缸盖的下平面不能直接放在工作台上或地面上，下面应垫木方垫。

（2）清洁气缸体的上平面、气缸盖的下平面时，不能用锤头敲击，以免造成新的变形或损坏。

（3）清洁气缸体的上平面和气缸盖的下平面

①用木方垫将气缸体和气缸盖垫起，让气缸体上平面和气缸盖下平面向上。

②用铲刀铲除气缸体上平面和气缸盖下平面上气缸垫残余粘连物、气缸盖两侧的进气和排

气接口平面上的残余粘连物。

　　③用细砂纸打磨铲刀无法去除的残余粘连物。

　　④放入清洗盆中，用油质清洗气缸体上平面、气缸盖下平面和气缸盖两侧的进气和排气接口平面。

　　⑤用压缩空气吹净气缸体上平面和气缸盖下平面上的油质。

　　①清洁量具。

　　●用棉纱或抹布清洁平行尺。

　　●用棉纱或抹布清洁塞尺。

　　②测量气缸盖下平面。

　　●用一只手轻轻将平行尺的锐角靠在气缸盖下平面，如图64所示，另一只手用塞尺内0.05mm的测量片向平行尺和气缸盖下平面的缝隙中试插。

　　●如果0.05 mm的测量片不能或很难插入平行尺和气缸盖上平面之间的缝隙中，则说明此测量点的变形量没有达到最大限值。更换位置检测平行尺和气缸盖上平面之间的其他缝隙。

　　●如果测得图64所示的位置上平行尺和气缸盖上平面之间的所有缝隙都没有达到最大限值，则再将平行尺按照图64中粗实线所示的其他方位，按上述步骤重复进行检测。

图64　气缸盖下平面变形量检查顺序

　　●在测量过程中，如果用0.05mm的测量片插入平行尺和气缸盖上平面之间的缝隙时有一些阻力或阻力很小，则说明此气缸盖上平面的变形量达到或超过了最大限值。

　　③测量气缸盖进气歧管侧平面、排气歧管侧平面

　　●用一只手轻轻将平行尺的锐角靠在气缸盖进气歧管侧平面，如图64所示，另一只手用塞尺内0.10mm的测量片向平行尺和气缸盖进气歧管侧平面的缝隙中试插。

　　●如果0.10 mm的测量片不能或很难插入平行尺和气缸盖进气歧管侧平面之间的缝隙中，则说明此测量点的变形量没有达到最大限值。更换位置检测平行尺和气缸盖进气歧管侧平面之间的其他缝隙。

　　●如果测得图64所示的位置上平行尺和气缸盖进气歧管侧平面之间的所有缝隙都没有达到最

大限值，则再将平行尺按照图64中粗实线所示的其他方位，按上述步骤重复进行检测。

●在测量过程中，如果用0.10mm的测量片插入平行尺和气缸盖进气歧管侧平面之间的缝隙时有一些阻力或阻力很小，则说明此气缸盖进气歧管侧平面的变形量达到或超过了最大限值。

●气缸盖排气歧管侧平面可按照测量进气歧管侧平面的步骤和方法进行测量。

维修方法：在气缸盖和气缸体变形量较小时，可以在平面上涂些研磨膏，把气缸盖放在气缸体上扣合研磨修复。当变形量较大时，可采用铣、磨加工方法予以修整。在无铣、磨设备或平面度误差不大时，可用旧砂轮在其平面上进行手工推磨，直至平行度达到技术要求为止。

（4）检修凸轮轴和凸轮轴轴承。

①检修凸轮轴。

●检测凸轮磨损程度。用千分尺测量凸轮的全高 H 与凸轮基圆直径 D 的差值来确定凸轮的磨损程度，如图65所示。凸轮磨损后，其升程减小0.4mm以上时，应更换新凸轮轴。

●检测凸轮轴弯曲变形量。如图66所示，将凸轮轴放在平台的V形架上，以两端轴颈为支点。将百分表测头抵在中间的轴颈上，并缓慢转动凸轮轴一圈，如百分表摆动量超过0.10mm，则应进行校正，校正后的弯曲度应不大于0.03mm。

●检修凸轮轴轴颈。如图67所示，用千分尺测量轴颈的圆度及圆柱度误差，当凸轮轴轴颈的圆度误差大于0.015mm，各轴颈的圆柱度误差超过0.05mm时，应按修理尺寸法进行校正并修磨。修磨后轴颈的圆柱度误差小于0.005mm，最大径向圆跳动误差不大于0.03mm。

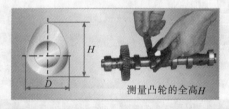

图65　检测凸轮磨损程度

图66　检测凸轮轴弯曲变形量

图67　检测凸轮轴轴颈

②检修凸轮轴轴承。当凸轮轴轴承的配合间隙超过使用限度（载货汽车为0.20mm，轿车为0.15mm）时，应更换新轴承。

（5）检修凸轮轴轴承盖。用游标卡尺测量轴承边缘和凸轮轴轴承边缘间的距离。

尺寸（*A*–*B*）：0.7mm或更小。

（6）调整气门间隙。调整气门间隙的方法有逐缸调整法和两次调整法。

①逐缸调整法。活塞位于压缩上止点时，调整一缸的进、排气门间隙。然后摇转曲轴，按点火顺序使下一缸的活塞位于压缩上止点时，再调整这一缸的进、排气门间隙，依次类推，逐缸调整完毕。

②两次调整法。两次调整法又称"双排不进"法。"双排不进"由多缸发动机工作循环表和配气相位的气门重叠现象而推导出，是确定两次调整法可调整气门的依据。其中"双"是指该缸进、排气门间隙均可调整，"排"是指该缸仅排气门间隙可调整，"不"是指该缸的进、排气门间隙都不可调整，"进"是指该缸仅进气门间隙可调整。用两次调整法调整多缸发动机的气门间隙，具有简便、迅速和准确等特点。两次调整法调整气门间隙的方法如下：第一次，使一缸活塞位于压缩上止点，按"双排不进"和发动机工作次序确定可调整的气门间隙；并调整可调整的气门间隙。第二次，摇转曲轴一圈，可调整第一次没有调整过的气门间隙。

调整气门间隙的操作：如图68所示，先旋松锁紧螺母，用厚度符合规定间隙的塞尺插入气门杆端面与摇臂之间，同时旋转调整螺钉，直至拉动塞尺感到稍有阻力后用锁紧螺母锁紧调整螺钉。调整完毕后，应再用塞尺复查一次。

图68　调整气门间隙

3. 安装

基本原则：

按照拆卸时相反的顺序安装，即最后拆的最先装。

技术要点：

①用扭力扳手分两步交叉对角线式地依次拧紧固定螺栓到规定扭矩。

②在螺栓上做记号，在规定的扭矩上再拧 90°~135°。

（1）安装气门锁片。安装好气门锁片时，用橡胶锤轻敲气门顶部以确保安装到位。

（2）安装并检测进、排气凸轮轴的轴向间隙。

①安装凸轮轴。

②来回移动凸轮轴的同时，用百分表测量轴向间隙，与标准对照。凸轮轴轴向间隙标准如表 17 所示。

表 17　凸轮轴轴向间隙标准

项目	标准轴向间隙 /mm	最大轴向间隙 /mm
进气	0.06~0.155	0.17
排气	0.06~0.155	0.17

> **注　意**
>
> ①如果轴向间隙大于最大值，则更换凸轮轴壳。
> ②如果止推面损坏，则更换凸轮轴。

（3）按拆卸时相反的顺序安装（即最晚拆的，最先装）。拧螺钉的顺序也与拆卸时的顺序相反，如图 69 所示。

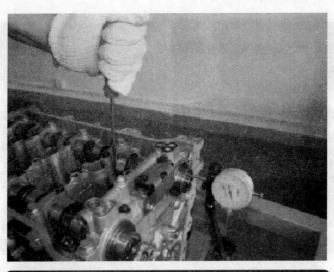

图 69　按拆卸相反的顺序安装

六、练习与思考

（1）在拆发动机正时链条之前应注意哪些事项？

（2）调发动机气门间隙有哪些方法？

（1）成员实训报告如表 18 所示。

表 18　成员实训报告

姓名		班级		分组		日期	
实训项目							
实训内容							
自己评语							
老师评语							

（2）组长实训报告如表 19 所示。

表 19　组长实训报告

姓名		班级		分组		日期	
实训项目							
实训内容							
第　　组							
姓名：		姓名：		姓名：		姓名：	
是否串岗（　　）		是否串岗（　　）		是否串岗（　　）		是否串岗（　　）	
是否完成项目（　　）		是否完成项目（　　）		是否完成项目（　　）		是否完成项目（　　）	
评价：优、良、差		评价：优、良、差		评价：优、良、差		评价：优、良、差	
自己评语							
老师评语							

（3）班长实训报告如表20所示。

表20　班长实训报告

姓名		班级		分组		日期	
实训项目							
实训内容							
第一组		第二组		第三组		第四组	
是否串岗（　　）		是否串岗（　　）		是否串岗（　　）		是否串岗（　　）	
是否完成项目（　　）		是否完成项目（　　）		是否完成项目（　　）		是否完成项目（　　）	
评价：优、良、差		评价：优、良、差		评价：优、良、差		评价：优、良、差	
自己评语							
老师评语							

一、实训目的

1. 掌握曲柄连杆机构的拆装步骤。

2. 掌握活塞的检测方法。

二、实训前准备

（1）发动机。

（2）工具：组合套筒、鲤鱼钳、尖嘴钳、带轮专用拉码、磁棒、扭力扳手、花键扳手、塞尺、百分表、活塞环拆卸专用工具等。

（3）耗材：密封胶、密封垫。

三、老师讲解示范

（1）拆卸。

（2）检查。

（3）安装。

四、实训管理

（1）学生分组：每组 4~5 人。先让学生自己分组，选出 1 名组长并记录名字，然后视情况进行适当调整，如表 21 所示。

表 21　学生分组表

第一组	第二组	第三组	第四组
组长：	组长：	组长：	组长：
成员：	成员：	成员：	成员：

（2）学生组长：协调成员，规范学生操作（表22）并收集遇到的问题。

表 22　学生规范操作表（一）

第　组			
姓名：	姓名：	姓名：	姓名：
是否串岗（　）	是否串岗（　）	是否串岗（　）	是否串岗（　）
是否完成项目（　）	是否完成项目（　）	是否完成项目（　）	是否完成项目（　）
评价：优、良、差	评价：优、良、差	评价：优、良、差	评价：优、良、差

（3）老师指导：对操作现场进行安全检查，提醒学生注意安全，规范学生操作（表23），解决并收集学生学生遇到的问题，指导班长协助管理。

表 23　学生规范操作表（二）

班长：

第一组组长	第二组组长	第三组组长	第四组组长
是否串岗（　）	是否串岗（　）	是否串岗（　）	是否串岗（　）
是否协调成员（　）	是否协调成员（　）	是否协调成员（　）	是否协调成员（　）
评价：优、良、差	评价：优、良、差	评价：优、良、差	评价：优、良、差

五、实训操作

1. 拆卸

基本原则：先拆两边（进、排气），再从上往下拆，必要时再拆前或后。

（1）拆卸曲轴箱总成。

①均匀地拧松并拆下 11 个螺栓。

②用保护带包住的螺钉旋具在曲轴箱和气缸体之间撬动，拆下曲轴箱。

> **注意**
>
> 不要损坏曲轴和气缸体的接触面。

（2）拆卸活塞连杆大头轴承盖。

①拆卸之前先确认各缸活塞连杆大头轴承盖安装顺序记号和朝前记号。

②转动曲轴，将其中的两个活塞连杆大头轴承盖转到最上端，如图70所示。

③分两步以上拧出同一活塞连杆大头轴承盖的两个螺栓，取出活塞连杆大头轴承盖和螺栓，

用木棍将活塞和连杆从气缸上部顶出，如图 71 所示。

图 70　将轴承盖传到最上端

图 71　取出轴承盖和螺栓，将活塞和连杆顶出

④拆下另一个转上来的活塞连杆大头轴承盖。

⑤转动曲轴 180°，将另外两个活塞连杆大头轴承盖转上来（拆卸方法同上）。

⑥按拆卸顺序摆放，如图 72 所示。

⑦用活塞环拆卸专用工具拆出活塞环（拆卸先注意活塞环朝上记号和第一道、第二道压缩环及油环的区分），如图 73 所示。

图 72　按拆卸顺序摆放

图 73　用活塞环拆卸专用工具拆出活塞环

⑧用小螺钉旋具撬活塞销卡环（注意安全：不要对着眼睛，用手遮挡，防止卡环飞出），如图 74 所示。

（3）拆卸活塞销。

①逐渐加热各活塞到 80℃ ~90℃。

②用橡胶锤和铜棒，轻轻敲出活塞销并拆下边杆。

图 74　用小螺钉旋具撬活塞销卡环

注　意

①活塞和活塞销是一组配套件。

②按正确的顺序摆放活塞、活塞销、活塞环、边杆和轴承。

（4）拆卸曲轴。

①分两步以上均匀地拧松曲轴轴承盖。

②用两个已经拆卸的曲轴轴承盖螺栓晃动曲轴轴承盖并拆下。

注　意

①活塞和活塞销是一组配套件。

②按正确的顺序摆放活塞、活塞销、活塞环、连杆和轴承，如图 75 所示。

图 75　按拆卸顺序摆放（一）

③取出曲轴，如图 76 所示。

④取出下轴瓦和止推垫片并按拆卸顺序摆放。

⑤拆卸各气缸曲轴喷油嘴，如图 77 所示。

图 76　按拆卸顺序摆放（二）

图 77　拆卸各气缸曲轴喷油嘴

2. 检修

基本原则：

①按拆装顺序进行检修。

②不具备维修价值的部件，一旦损坏直接更换。

③不可重复使用的部件，应更换新件。

（1）测量气缸体上平面

①用一只手轻轻将平行尺的锐角靠在气缸体上平面，另一只手用塞尺内 0.05mm 的测量片向平行尺和气缸体上平面的缝隙中试插。

②如果 0.05mm 的测量片不能或很难插入平行尺和气缸体上平面之间的缝隙中，则说明此测量点的变形量没有达到最大限值更换位置检测平行尺和气缸体上平面之间的其他缝隙。

③如果测得图所示的位置上平行尺和气缸体上平面之间的所有缝隙都没有达到最大限值，则

再将平行尺按照图中粗实线所示的其他方位，按上述步骤重复进行检测。

④在测量过程中，如果 0.05mm 的测量片插入平行尺和气缸体上平面之间的缝隙时有一些阻力或阻力很小，则说明此气缸体上平面的变形量达到或超过了最大限值。

（2）检测气缸磨损。

①检测气缸的圆度误差。在同一断面上测量最大直径与最小直径差值的一半，即

$$圆度误差 = \left| \frac{AA' - BB'}{2} \right|$$

②检测气缸的圆柱度误差。在 3 个断面内所测得的所有读数中最大直径与最小直径差值的一半即为气缸的圆柱度误差。

③测量方法。将量缸表的测杆伸入气缸内，测量第一道活塞环在上止点位置时对应的气缸壁。通常分别测量平行和垂直于曲轴轴线方向的气缸盖磨损程度。用同样的方法测量气缸中部和下部的磨损程度。量缸表测杆与气缸轴线要保持垂直。寻找垂直位置的方法如下：将测杆放入气缸后，一手握住表杆，沿测杆长度方向稍稍摆动表杆，当表针指示到顺时针方向最大值时，即表示测杆与气缸轴线相垂直。当气缸的圆度和圆柱度误差达到大修极限值时，如汽油机的圆度误差超过 0.05mm，圆柱度误差超过 0.175mm，柴油机的圆度误差超过 0.063mm，圆柱度误差超过 0.25mm，则应进行镗缸修理。测量气缸的磨损程度如图 78 所示。

图 78　测量气缸的磨损程度

（3）修理气缸。通常通过镗削或磨削加工，使气缸达到原来的技术要求。

气缸镗削的目的是恢复气缸原有的圆度、圆柱度和表面粗糙度要求，保证各缸中心线与曲轴主轴承孔中心线在一个平面内，并相互垂直。

注　意

①气缸修理尺寸一般分为 4 ～ 6 级，每加大 0.25mm 为一级，最大不超过 1.00mm 或 1.50mm。

②气缸修理尺寸＝气缸最大缸径＋镗磨余量。

③镗磨余量一般选 0.10 ～ 0.20mm，计算出修理尺寸后，以此选择相应活塞（使活塞尺寸略大于修理尺寸。同一台发动机上各活塞尺寸应相同，即同一级加大活塞）。然后根据活塞直径与气缸实际尺寸确定每缸的镗磨加工量。一般镗磨加工量取 0.02 ～ 0.06mm。

（4）检查活塞。

①用衬垫刮刀刮除活塞顶部的积炭。

②用环槽清洁工具或折断的活塞环清洁活塞环槽。

③用刷子和溶剂彻底清洁活塞。

不要用钢丝刷。

④在距活塞顶部 12.6mm 处，用千分尺测量与活塞销孔成直角的活塞直径，如图 79 所示标准活塞直径为 80.461~80.471mm，如果直径不符合规定，则更换活塞。

（5）检查活塞环开口端隙。

①用活塞从气缸体的顶部将活塞环推至活塞环底部，使其行程超过 50mm，如图 80 所示。

②用塞尺测量端隙，并与标准值（表 24）对照。

（6）用外径千分尺测量活塞销直径。标准活塞销直径为 20.004~20.013mm，如表 25 所示。

（7）用内径规测量连杆小头孔径标准活塞直径 20.004~20.013mm 对应的连杆小头孔径为 20.012~20.021mm，如表 26 所示。

（8）检查连杆分总成。用连杆校准器和塞尺，检测连杆的弯曲度最大偏差为 0.05mm/100mm。如果偏差大于最大值，则更换连杆。

（9）检查曲轴。

①如图 81 所示，用百分表 V 形架测量径向圆跳动值。

图 79　测量活塞销孔直径

图 80　测量活塞环端隙

表 24　标准活塞环端隙

项目	标准端隙 /mm	最大端隙 /mm
1 号环	0.2~0.3	0.5
2 号环	0.3~0.5	0.7
油环	0.1~0.4	0.7

如果端隙小于最大值，则更换活塞活塞环。换上新的活塞环后，如果端隙仍大于最大值，则更换气缸体。

表 25　标准活塞销直径

项目	规定状态 /mm
A	20.004~20.007
B	20.008~20.010
C	20.011~20.013

表 26　边杆小头孔径

项目	规定状态 /mm
A	20.012~20.015
B	20.016~20.018
C	20.019~20.021

最大径向圆跳动值为 0.03mm。如果偏差大于最大值，则更换连杆。

②用千分尺测量各主轴颈的直径。

标准直径为 473988~48.000mm。如果直径不符合规定，则检查曲轴油膜间隙。

③检查各主轴颈的锥度和变形程度，并与标准直径（表 27）对照。

最大锥度和变形程度为 0.004mm。如果锥度和变形程度大于最大值，则更换曲轴。

④用千分尺测量各曲柄销的直径。

标准直径为 43.992~44.00mm。如果直径不符合规定，则检查连杆油膜间隙。

⑤检查各曲柄销的锥度和变形程度。

最大锥度和变形程度为 0.004mm。如果不符合规定，则检查连杆油膜间隙。

图 81　测量径向圆跳动值

表 27　标准直径

项目	规定状态 /mm
1	47.99~48.000
2	47.997~47.998
3	47.995~47.996
4	47.993~47.994
5	47.991~47.992
6	47.988~47.990

3. 安装和检查

（1）基本原则：按照拆卸时相反的顺序拆装，即最后拆的最先装。

技术要点：

①用扭力扳手分两步交叉对角线式地依次拧紧固定螺栓到规定扭矩。

②在螺栓上做记号，在规定的扭矩上再拧 90°~135°。

③如果原来的部件结合面涂有密封胶，拆卸后应把原来的密封胶刮干净，重新涂密封胶。密封胶应涂成圆柱形，直径大于 3mm。

（2）安装机油喷油嘴。用 5mm 六角套筒扳手和螺栓安装机油喷嘴（拧紧力矩为 10N·m）。

（3）安装活塞。

①用螺钉旋具将新卡环安装到活塞销孔的一端。

注　意

确保卡环的端隙与活塞上的活塞销孔切口部位错开。

②逐渐加热活塞到 80℃~90℃。

③对准活塞和连杆上的朝前标记，并用拇指推入活塞。

注 意

> 活塞和活塞销是一组配套件。

④使用螺钉旋具在活塞销孔的另一端安装一个新卡环。

⑤在活塞销上来回移动活塞，检查活塞和活塞销间的安装情况。

（4）安装活塞环组件。

①安装油环胀圈和油环刮片。

注 意

> 安装胀圈和油环，使其环端处于相反的两侧。将胀圈牢固安装至油环的内槽。

②用活塞环扩张器安装两个压缩环。

注 意

> ①安装 1 号压缩环，使代码标记（A1）朝上。
>
> ②安装 2 号压缩环，使代码标记（A2）朝上。
>
> ③油漆标记仅在新活塞环上检查到。重新使用活塞环时，应检查各活塞环外形，以将其安装至正确位置。

③放置活塞环以使活塞环端处于如图应在的位置。

（5）安装曲轴轴承。

①安装上轴承（除 3 号轴颈外）。

●将带机油槽的上轴承安装到气缸体上。

●用刻度尺测量气缸体边缘和上轴承边缘间的距离。

尺寸（A）：0.5~1.0mm。

注 意

> 不要在轴承和接触表面上涂抹发动机机油。

②安装上轴承（除 3 号轴颈外）。

●将带机油槽的上轴承安装到气缸体上。

●用游标卡尺测量气缸体边缘和上轴承边缘间的距离。

尺寸（A–B）：0.7mm 或更小。

③安装下轴承。

●将下轴承安装到轴承盖上。

●用游标卡尺测量轴承盖边缘和下轴承边缘间的距离。

尺寸（$A–B$）：0.7mm 或更小。

（6）安装曲轴上止推垫圈。

①使机油槽向外，将两个止推垫圈安装到气缸体的 3 号轴颈下方。

②在曲轴止推垫圈上涂抹发动机机油。

（7）安装曲轴。

①在上轴承上涂抹发动机机油，并将曲轴安装到气缸体上。

②在下轴承上涂抹发动机机油。

③检查数字标记，并将轴承盖装到缸体上。

④在轴承盖螺栓的螺纹上和轴承盖螺栓下涂抹一层发动机机油。

⑤临时安装 10 个主轴轴承盖螺栓。

⑥标记两个轴承螺栓并以此为导向，用手插入主轴承盖，直到主轴承盖和气缸体间的间隙小于 5mm。

⑦用塑料锤轻轻敲击轴承盖以确保正确安装。

⑧安装曲轴轴承盖螺栓。

注　意

主轴承盖螺栓的紧固分两步完成。

步骤 1：安装并均匀紧固 10 个主轴承盖螺栓。

拧紧力矩：40N·m。

步骤 2：

●用油漆在轴承螺栓前端做标记。

●将轴承盖螺栓再紧固 90°。

---

⑨检查并确认曲轴转动顺畅。

⑩ 检查曲轴轴向间隙。

用螺钉旋具撬动曲轴的同时，用百分表测量轴向间隙，如图 82 所示。

标准轴向间隙为 0.04~0.14mm，最大轴向间隙为 0.17mm。

（8）安装连杆轴承。

①将连杆轴承安装到连杆和轴承盖上。

②用游标卡尺测量连杆边缘和轴承盖边缘与连杆轴承边缘间的距离。

尺寸（$A–B$）：0.7mm 或更小。

图 82　测量轴向间隙

注意

不要在轴承和接触表面涂抹发动机机油。

（9）安装带连杆的活塞分总成。

①在气缸壁、活塞、连杆轴承表面上涂抹发动机机油。

②放置活塞环以使活塞环。

③使活塞朝前标记朝前，用活塞环压缩器将相应号的活塞和连杆总成压入气缸内，如图83所示。

图83 安装活塞

注意

①将连杆插入活塞时，不要使其接触机油喷嘴。

②使连杆盖与连杆的号相匹配。

④检查并确认连杆盖的凸起部分朝向正确的方向。

⑤在连杆盖螺栓的螺纹上和螺栓头下部涂抹一层发动机机油。

⑥安装连杆盖螺栓。

注意

连杆盖螺栓的紧固分两步完成。

步骤1：用专用工具安装并分几次交替拧紧连杆盖螺栓。

拧紧力矩：20N·m。

步骤2：用油漆在连杆盖螺栓前端做标记，将连杆盖螺栓再紧固90°。

⑦检查并确认曲轴转动顺畅。

⑧检查连杆轴向间隙。

（1）在拆装曲柄连杆机构的过程中应注意哪些问题？

（2）曲杯直杆机构的检查包括哪些？

七、实训报告

（1）成员实训报告如表 28 所示。

表 28　成员实训报告

姓名		班级		分组		日期	
实训项目							
实训内容							
自己评语							
老师评语							

（2）组长实训报告如表 29 所示。

表 29　组长实训报告

姓名		班级		分组		日期	
实训项目							
实训内容							
第　　组							
姓名：		姓名：		姓名：		姓名：	
是否串岗（　）		是否串岗（　）		是否串岗（　）		是否串岗（　）	
是否完成项目（　）		是否完成项目（　）		是否完成项目（　）		是否完成项目（　）	
评价：优、良、差		评价：优、良、差		评价：优、良、差		评价：优、良、差	
自己评语							
老师评语							

（3）班长实训报告如表30所示。

表 30　班长实训报告表

姓名		班级		分组		日期	
实训项目							
实训内容							

第一组	第二组	第三组	第四组
是否串岗（　　）	是否串岗（　　）	是否串岗（　　）	是否串岗（　　）
是否完成项目（　　）	是否完成项目（　　）	是否完成项目（　　）	是否完成项目（　　）
评价：优、良、差	评价：优、良、差	评价：优、良、差	评价：优、良、差
自己评语			
老师评语			

项目五 润滑系统的拆装与检测

一、实训目的

（1）掌握润滑系统的结构组成。

（2）掌握润滑系统的拆装方法和要求。

二、实训前准备

（1）发动机。

（2）工具：组合套筒、鲤鱼钳、尖嘴钳、带轮专用拉码、磁棒、扭力扳手、塞尺等。

（3）耗材：密封胶、密封垫。

三、老师讲解示范

（1）拆卸。

（2）检查。

（3）安装。

四、实训管理

（1）学生分组：每组 4~5 人。先让学生自己分组，选出 1 名组长并记录名字，然后视情况进行适当调整，如表 31 所示。

表 31　学生分组表

第一组	第二组	第三组	第四组
组长：	组长：	组长：	组长：
成员：	成员：	成员：	成员：

（2）学生组长：协调成员，规范学生操作（表32）并收集遇到的问题。

表32　学生规范操作表（一）

第　　组			
姓名：	姓名：	姓名：	姓名：
是否串岗（　　）	是否串岗（　　）	是否串岗（　　）	是否串岗（　　）
是否完成项目（　　）	是否完成项目（　　）	是否完成项目（　　）	是否完成项目（　　）
评价：优、良、差	评价：优、良、差	评价：优、良、差	评价：优、良、差

（3）老师指导：对操作现场进行安全检查，提醒学生注意安全，规范学生操作（表33），解决并收集学生遇到的问题，指导班长协助管理。

表33　学生规范操作表（二）

班长：

第一组组长	第二组组长	第三组组长	第四组组长
是否串岗（　　）	是否串岗（　　）	是否串岗（　　）	是否串岗（　　）
是否协调成员（　　）	是否协调成员（　　）	是否协调成员（　　）	是否协调成员（　　）
评价：优、良、差	评价：优、良、差	评价：优、良、差	评价：优、良、差

 五、实训操作

1. 拆卸

基本原则：先拆两边（进、排气），再从上往下拆，必要时再拆前或后，如图84所示。

（1）拆卸油泵链条张紧器，如图85所示。

（2）用开口扳手卡住凸轮轴（防止凸轮轴转动）。

（3）用扳手拧松油泵链条齿轮螺母，如图86所示。

（4）取出链条和齿轮，如图87所示。

图84　正时链条零件视图

图85　拆卸油泵链条张紧器

图86　拧松齿轮螺母

图87　取出链条和齿轮

（5）拆卸油底壳（拆卸前确认已经放掉发动机里的机油）。

①分两步以上交叉对角线地式拧出油底壳所有固定螺钉，如图88所示。

②油底壳和曲轴箱之间涂有密封胶。

●用橡胶锤轻敲油底壳边缘。

●用头部缠有胶带或抹布的螺钉旋具撬动油底壳。

图88　拆下油底壳

注 意

避免损伤油底壳和曲轴箱密封表面。

（6）拆卸机油泵总成，如图89所示。

（7）取出机油泵，如图90所示。

（8）解体机油泵。

图89　拆卸机油泵总成

图90　取出机油泵

2. 检修

基本原则：

①按拆装顺序进行检修。

②不具备维修价值的部件，一旦损坏直接更换。

③不可重复使用的部件，应更换新件。

（1）检修机油泵。

①检修齿轮式机油泵。

●直观检查泵体与泵盖，若有裂纹应进行焊修或更换新件。

●检查主、从动齿啮合间隙（图91），可用塞尺在互成120°处分3点测量，啮合间隙一般为0.05~0.25mm，各点测量误差不应超过0.1mm，不符合规定应成对更换齿轮。

●检查齿轮与泵体的间隙（即齿顶间隙），用塞尺测量（图92），如间隙超过0.3mm应换新件。

图91　测量主、从动齿啮合间隙

●检查齿轮与泵盖之间的端面间隙。将钢尺直边紧靠在带齿轮的泵体端面上,将塞尺插入缝隙进行测量(图93)。一般端面间隙为0.05~0.25mm,如间隙不符合要求,可增减垫片或磨削泵壳与盖结合面。

●将机油泵装复后,用手转动机油泵传动齿轮轴,应转动自如、无卡滞现象;给机油泵注满干净的润滑油,堵住出油口,用手转动机油泵主动轴时,应有油压的明显感觉。

●将机油泵装到车上后,通过机油压力表再检查一次机油压力。当发动机温度正常时,发动机怠速和高速机油压力应符合规定,如油压不符合标准,则应对限压阀进行调整,在限压阀弹簧一端增加或减少垫片,以改变弹簧的张力使油压达到规定值。

图92 测量齿轮与泵体的间隙

图93 测量齿轮与泵盖之间的端面间隙

②检修转子式机油泵。

●检查内、外转子的齿顶间隙。用塞尺测量内、外转子的齿顶间隙(图94)。如果齿顶间隙超过极限值,则应更换整套转子。

●检查外转子与泵体之间的间隙。用塞尺测量外转子和泵体的间隙(图95)。如间隙超过极限值,则应更换整套转子。必要时换油泵组件。

图94 检测内外转子的齿顶间隙

图95 检测外转子与泵体之间的间隙

●检查端面间隙。用塞尺和精密的平尺测量转子和端盖之间的端面间隙(图96)。如端面间隙超过极限值,则应更换整套转子,必要时应更换油泵组件。

●装复机油泵。安装转子时注意内、外转子标记应对齐,并使安装记号朝向泵体,如图97所示。

图96　检测端面间隙

标记

图97　装机油泵时标记对齐朝上

（3）检修机油滤清器。

①检修集滤器。

集滤器的损坏形式有油管和滤网堵塞、浮子破损下沉等。

其中，对于油管和滤网堵塞情况，应用柴油或煤油清洗干净后用压缩空气吹干；对于浮子破损下沉情况，应对浮子进行焊修。

②检修粗滤器。一般汽车每行驶12000km左右，应拆洗壳体，更换一次滤芯。检查各密封圈，若有老化、损坏应予以更换。无特殊情况，不必拆卸和调整旁通阀。将滤清器安装到气缸体上时，应先在滤清器内充满机油。

③检修细滤器。

对于可拆式纸质滤芯式机油细滤器，其检修方法与机油粗滤器相同。

离心式机油细滤器的检修方法如下：在发动机的机油压力高于0.1MPa时，运转10s以上（机油压力较低时机油不会进入细滤器），然后立即熄火。在熄火后的2~3min内，若在发动机旁听不到细滤器转子转动的"嗡嗡"声，则说明细滤器工作不正常。若机油压力正常，细滤器的进油单向阀也未堵塞，则为细滤器故障。此时应拆下细滤器，拧开压紧螺母，取下外罩，将转子转到喷嘴对准挡油板的缺口时，取出转子。清除转子内壁上的污物，清洗转子并疏通喷嘴（注意不能用金属丝疏通，应用压缩空气吹通），经调整或换件后再组装。

3. 安装

（1）基本原则：按照拆卸时相反的顺序拆装，即最后拆的最先装。

（2）技术要点：

①用扭力扳手分两步交叉对角线式地依次拧紧固定螺栓到规定扭矩。

②在螺栓上做记号，在规定的扭矩上再拧90°~135°。

③如果原来的部件结合面涂有密封胶，拆卸后应把原来的密封胶刮干净，重新涂密封胶。

密封胶应涂成圆柱形，直径大于3mm。

六、练习与思考

（1）机油泵的检查包括哪些个几方面？

（2）简述润滑系统的拆装步骤。

 七、实训报告

（1）成员实训报告如表34所示。

表34　成员实训报告表

姓名		班级		分组		日期	
实训项目							
实训内容							
自己评语							
老师评语							

（2）组长实训报告如表 35 所示。

表 35　组长实训报告

姓名		班级		分组		日期	
实训项目							
实训内容							
第　　组							
姓名：		姓名：		姓名：		姓名：	
是否串岗（　　）		是否串岗（　　）		是否串岗（　　）		是否串岗（　　）	
是否完成项目（　　）		是否完成项目（　　）		是否完成项目（　　）		是否完成项目（　　）	
评价：优、良、差		评价：优、良、差		评价：优、良、差		评价：优、良、差	
自己评语							
老师评语							

（3）班长实训报告如表 36 所示。

表 36　班长实训报告表

姓名		班级		分组		日期	
实训项目							
实训内容							

第一组	第二组	第三组	第四组
是否串岗（　　）	是否串岗（　　）	是否串岗（　　）	是否串岗（　　）
是否完成项目（　　）	是否完成项目（　　）	是否完成项目（　　）	是否完成项目（　　）
评价：优、良、差	评价：优、良、差	评价：优、良、差	评价：优、良、差

自己评语	
老师评语	

项目六　空气滤清器的清洁与更换

一、实训目的

（1）熟悉空气滤清器的作用。

（2）掌握空气滤清器的清洁与更换方法。

二、实训前准备

（1）轿车1台。

（2）螺钉旋具、T杆套筒、滤清器、风枪等。

三、老师讲解示范

（1）拆卸。

（2）检查。

（3）安装。

四、实训管理

（1）学生分组：每组4~5人。先让学生自己分组，选出1名组长并记录名字，然后视情况进行适当调整，如表37所示。

表37　学生分组表

第一组	第二组	第三组	第四组
组长：	组长：	组长：	组长：
成员：	成员：	成员：	成员：

（2）学生组长：协调成员，规范学生操作（表38）并收集遇到的问题。

表38　学生规范操作表（一）

第　组			
姓名：	姓名：	姓名：	姓名：
是否串岗（　　）	是否串岗（　　）	是否串岗（　　）	是否串岗（　　）
是否完成项目（　　）	是否完成项目（　　）	是否完成项目（　　）	是否完成项目（　　）
评价：优、良、差	评价：优、良、差	评价：优、良、差	评价：优、良、差

（3）老师指导：对操作现场进行安全检查，提醒学生注意安全，规范学生操作（表39），解决并收集学生遇到的问题，指导班长协助管理。

表39　学生规范操作表（二）

班长：

第一组组长	第二组组长	第三组组长	第四组组长
是否串岗（　　）	是否串岗（　　）	是否串岗（　　）	是否串岗（　　）
是否协调成员（　　）	是否协调成员（　　）	是否协调成员（　　）	是否协调成员（　　）
评价：优、良、差	评价：优、良、差	评价：优、良、差	评价：优、良、差

 五、实训操作

（1）松开滤清器锁扣，用抹布擦拭空气滤清器外部，防止杂质掉入里面，如图98所示。

（2）取出滤芯，如图99所示。

图98　松开滤清器锁扣

图99　取出滤芯

（3）清洁滤芯。清洁滤芯时用空气压缩机从滤芯内侧开始。上下均匀地沿斜角方向吹净滤芯内、外表面的灰尘，如图100所示。如果没有压缩空气，可用木棒轻轻敲打滤芯，再用毛刷刷净外部污垢。注意：不得用大力敲打或碰撞滤芯。

（4）检查空气滤清器清洁情况，如太脏，应更换。新、旧空气滤清器对比如图101所示。

图 100　清洁滤芯

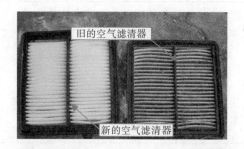

图 101　新旧空气滤清器对比图

（5）安装的新空气滤清器应完好无损，密封良好，如图 102 所示。

（6）旋紧固定螺栓，如图 103 所示。

图 102　更换新的空气滤清器

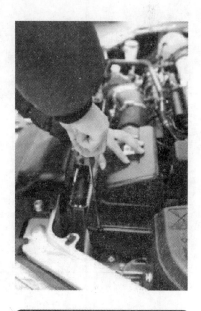

图 103　旋紧固定螺栓

六、练习与思考

（1）车辆一般行驶多远距离需更换空气滤清器？

（2）更换空气滤清器时应该注意什么？

七、实训报告

（1）成员实训报告如表 40 所示。

表40　成员实训报告表

姓名		班级		分组		日期	
实训项目							
实训内容							
自己评语							
老师评语							

（2）组长实训报告，如表41所示。

表 41　组长实训报告

姓名		班级		分组		日期	
实训项目							
实训内容							
第　　组							
姓名：		姓名：		姓名：		姓名：	
是否串岗（　）		是否串岗（　）		是否串岗（　）		是否串岗（　）	
是否完成项目（　）		是否完成项目（　）		是否完成项目（　）		是否完成项目（　）	
评价：优、良、差		评价：优、良、差		评价：优、良、差		评价：优、良、差	
自己评语							
老师评语							

（3）班长实训报告如表42所示。

表42　班长实训报告表

姓名		班级			分组		日期	
实训项目								
实训内容								
第一组		第二组		第三组		第四组		
是否串岗（　　）		是否串岗（　　）		是否串岗（　　）		是否串岗（　　）		
是否完成项目（　　）		是否完成项目（　　）		是否完成项目（　　）		是否完成项目（　　）		
评价：优、良、差		评价：优、良、差		评价：优、良、差		评价：优、良、差		
自己评语								
老师评语								

项目七 机油的检查与更换

一、实训目的

（1）掌握机油质量的检查方法。

（2）能够独立更换发动机机油。

二、实训前准备

（1）轿车1台。

（2）套筒工具组件、机油格拆装工具。

（3）机油、定性滤纸、机油滤芯器。

三、老师讲解示范

（1）拆卸。

（2）检查。

（3）安装。

四、实训管理

（1）学生分组：每组4~5人。先让学生自己分组，选出1名组长并记录名字，然后视情况进行适当调整，如表43所示。

表 43　学生分组表

第一组	第二组	第三组	第四组
组长：	组长：	组长：	组长：
成员：	成员：	成员：	成员：

（2）学生组长：协调成员，规范学生操作并收集遇到的问题，如表 44 所示。

表 44　学生规范操作表（一）

第　　组			
姓名：	姓名：	姓名：	姓名：
是否串岗（　）	是否串岗（　）	是否串岗（　）	是否串岗（　）
是否完成项目（　）	是否完成项目（　）	是否完成项目（　）	是否完成项目（　）
评价：优、良、差	评价：优、良、差	评价：优、良、差	评价：优、良、差

（3）老师指导：对操作现场进行安全检查，提醒学生注意安全，规范学生操作（表 45），解决并收集学生遇到的问题，指导班长协助管理。

表 45　学生规范操作表（二）

班长：

第一组组长	第二组组长	第三组组长	第四组组长
是否串岗（　）	是否串岗（　）	是否串岗（　）	是否串岗（　）
是否协调成员（　）	是否协调成员（　）	是否协调成员（　）	是否协调成员（　）
评价：优、良、差	评价：优、良、差	评价：优、良、差	评价：优、良、差

　五、实训操作

1. 检查

（1）检查油量。

①发动机起动前或停机 10 ~ 15min 后，将车辆停放在平坦的地面上。

②如图 104 所示，拔出机油尺，用洁净的软布擦去机油尺上面黏附的机油。

③将机油尺再次插入油底壳，拔出机油尺，观察机油标尺的机油黏附高度。机油尺上有两条刻线，上刻线"F"表示机油的最多量，下刻线"L"表示机油的最少量，如图 105 所示。

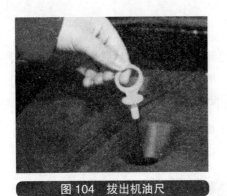

图 104　拔出机油尺

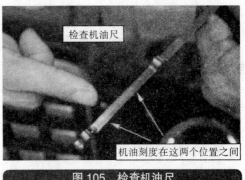

检查机油尺

机油刻度在这两个位置之间

图 105　检查机油尺

（2）检查油质。

①起动发动机，待达到正常工作温度后停机。

②拔出机油尺，将机油尺上黏附的机油滴在色纸上（最好是滤纸），放置一定的时间后观察油滴的扩散情况及油斑中心的颜色，如图 106 所示。

●若油滴的核心部分呈深灰色、褐色且透明，则属正常，机油可继续使用，如图 107 所示。

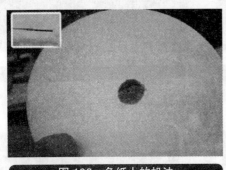

图 106　色纸上的机油

图 107　正常机油

●若油滴呈乳液状且油滴的扩散范围较大，外围颜色较浅，说明机油中掺入了燃油或冷却液，则机油已不能继续使用，应更换，如图 108 所示。

●若油斑上积聚较多金属微粒或黑色沉淀物，说明机油已老化变质，应更换，如图 109 所示。

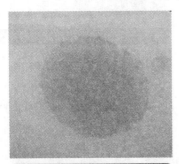

图 108　机油中掺有其他液体

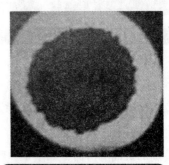

图 109　变质老化的机油

2.更换

（1）将车辆停放在平坦的地面上，起动发动机并使其处于热状态，然后熄火，将车辆升起，如图110所示。

（2）拧下油底壳上的放油螺栓，趁热放出机油，如图111所示。

（3）用专用工具拆卸机油滤清器，放净机油，如图112所示。

（4）擦干净机油滤清器座，（图113）。

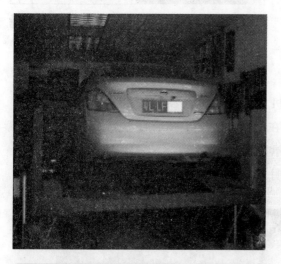

图110　举升车辆

图111　放出机油

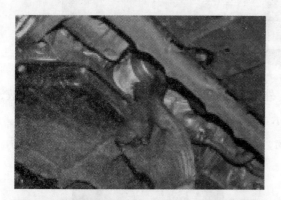

图112　拆下机油滤清器

图113　机油滤清器座

（5）在安装新滤清器之前，要先在滤清器上倒上一点机油，并且涂匀在滤清器的表面上，使滤清器首先润滑，如图114所示。

（6）安装新的机油滤清器，如图115所示。

图 114　在滤清器表面上涂抹机油

图 115　安装新的机油滤清器

（7）按规定力矩拧紧油底壳的放油螺栓，如图 116 所示。

（8）换好机油滤清器、拧上放油螺栓后，按规定容量加注新鲜的机油，如图 117 所示。

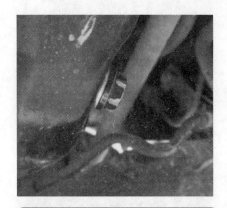

图 116　拧紧放油螺栓

图 117　加注新鲜的机油

（9）起动车辆，观察发动机的工作情况。运行正常后关闭发动机，等待几分钟后检查油底壳内的机油液面情况，应符合规定的高度，如图 118 所示。

图 118　检查机油量

六、练习与思考

（1）发动机的机油型号有哪些，怎样选择合适的机油？

（2）多久更换一次发动机机油？

七、实训报告

（1）成员实训报告如表 46 所示。

表 46　成员实训报告表

姓名		班级		分组		日期	
实训项目							
实训内容							
自己评语							
老师评语							

（2）组长实训报告如表47所示。

表 47　组长实训报告

姓名		班级		分组		日期	
实训项目							
实训内容							
第　　组							
姓名：		姓名：		姓名：		姓名：	
是否串岗（　）		是否串岗（　）		是否串岗（　）		是否串岗（　）	
是否完成项目（　）		是否完成项目（　）		是否完成项目（　）		是否完成项目（　）	
评价：优、良、差		评价：优、良、差		评价：优、良、差		评价：优、良、差	
自己评语							
老师评语							

（3）班长实训报告如表 48 所示。

表 48　班长实训报告表

姓名		班级		分组		日期	
实训项目							
实训内容							

第一组	第二组	第三组	第四组
是否串岗（　　）	是否串岗（　　）	是否串岗（　　）	是否串岗（　　）
是否完成项目（　　）	是否完成项目（　　）	是否完成项目（　　）	是否完成项目（　　）
评价：优、良、差	评价：优、良、差	评价：优、良、差	评价：优、良、差

自己评语	
老师评语	

项目八 冷却液的检查与更换

一、实训目的

（1）掌握冷却液的检查方法。

（2）掌握冷却液的更换方法。

二、实训前准备

（1）轿车1台。

（2）套筒扳手组件、螺钉旋具、水盆等。

（3）冷却液、冰点检测仪。

三、老师讲解示范

（1）拆卸。

（2）检查。

（3）安装。

四、实训管理

（1）学生分组：每组4~5人。先让学生自己分组，选出1名组长并记录名字，然后视情况进行适当调整，如表49所示。

表 49 学生分组表

第一组	第二组	第三组	第四组
组长：	组长：	组长：	组长：
成员：	成员：	成员：	成员：

（2）学生组长：协调成员，规范学生操作并收集遇到的问题，如表50所示。

表 50 学生规范操作表（一）

第 组			
姓名：	姓名：	姓名：	姓名：
是否串岗（ ）	是否串岗（ ）	是否串岗（ ）	是否串岗（ ）
是否完成项目（ ）	是否完成项目（ ）	是否完成项目（ ）	是否完成项目（ ）
评价：优、良、差	评价：优、良、差	评价：优、良、差	评价：优、良、差

（3）老师指导：对操作现场进行安全检查，提醒学生注意安全，规范学生操作，解决并收集学生遇到的问题，指导班长协助管理，如表51所示。

表 51 学生规范操作表（二）

班长：

第一组组长	第二组组长	第三组组长	第四组组长
是否串岗（ ）	是否串岗（ ）	是否串岗（ ）	是否串岗（ ）
是否协调成员（ ）	是否协调成员（ ）	是否协调成员（ ）	是否协调成员（ ）
评价：优、良、差	评价：优、良、差	评价：优、良、差	评价：优、良、差

五、实训操作

1. 检查

（1）检查冷却液的液面。正常情况下，冷却液的液面应该处于储液罐最上线和最下线之间，如图 119 所示。

注 意

如果冷却液液面降到最下线以下，说明冷却液不足，需要立即补充冷却液。在冷却液不足的状态下，发动机的冷却就会不充分，导致机件高温，这时候如果继续行车，轻则气缸垫烧毁，重则气缸受热变形。

（2）检查冷却液冰点。检查的过程很简单，就是在冰点检测仪检测窗涂抹一点儿冷却液，就能查看冰点是多少，如图120所示。

图119　检查冷却液的液面

图120　检查冷却液冰点

2.更换

（1）打开发动机舱盖，拧下水箱盖，如图121所示。

图121　打开发动机舱盖，拧下水箱盖

（2）拧下水箱下端的放液螺栓，并用容器接住流出的冷却液，如图122所示。

图122　放液螺栓与容器

（3）拧紧放液螺栓，加入新的冷却液，如图123所示（条件允许的情况下，可先用蒸馏水将水道冲洗一遍）。

（4）加完冷却液之后起动发动机，让车辆运行几分钟，拧松冷却系统上的排气螺栓，让系统中的空气排出。为水箱补充冷却液，直到液面位于刻度范围内。排气螺栓位置如图124所示。

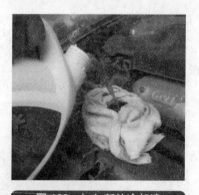

排气螺栓位置

图123　加入新的冷却液　　　　图124　排气螺栓位置

六、练习与思考

（1）更换冷却液时应注意哪些问题？

（2）发动机不加冷却液直接加水可以吗？

七、实训报告

（1）成员实训报告如表 52 所示。

表 52　成员实训报告表

姓名		班级		分组		日期	
实训项目							
实训内容							
自己评语							
老师评语							

（2）组长实训报告如表53所示。

表53　组长实训报告

姓名		班级		分组		日期	
实训项目							
实训内容							
	第　　组						
姓名：		姓名：		姓名：		姓名：	
是否串岗（　　）		是否串岗（　　）		是否串岗（　　）		是否串岗（　　）	
是否完成项目（　　）		是否完成项目（　　）		是否完成项目（　　）		是否完成项目（　　）	
评价：优、良、差		评价：优、良、差		评价：优、良、差		评价：优、良、差	
自己评语							
老师评语							

（3）班长实训报告如表 54 所示。

表 54 班长实训报告表

姓名		班级		分组		日期	
实训项目							
实训内容							

第一组	第二组	第三组	第四组
是否串岗（ ）	是否串岗（ ）	是否串岗（ ）	是否串岗（ ）
是否完成项目（ ）	是否完成项目（ ）	是否完成项目（ ）	是否完成项目（ ）
评价：优、良、差	评价：优、良、差	评价：优、良、差	评价：优、良、差

自己评语	
老师评语	

项目九　火花塞的检查与更换

一、实训目的

（1）掌握火花塞的拆装方法和步骤。

（2）能够对火花塞的性能进行判断、调整。

二、实训前准备

（1）轿车1台。

（2）套筒工具组件、塞尺等。

（3）火花塞。

三、老师讲解示范

（1）拆卸。

（2）检查。

（3）安装。

四、实训管理

（1）学生分组：每组4~5人。先让学生自己分组，选出1名组长并记录名字，然后视情况进行适当调整，如表55所示。

表 55　学生分组表

第一组	第二组	第三组	第四组
组长：	组长：	组长：	组长：
成员：	成员：	成员：	成员：

（2）学生组长：协调成员，规范学生操作（表 56）并收集遇到的问题。

表 56　学生规范操作表（一）

第　　　组			
姓名：	姓名：	姓名：	姓名：
是否串岗（　　　）	是否串岗（　　　）	是否串岗（　　　）	是否串岗（　　　）
是否完成项目（　　）	是否完成项目（　　）	是否完成项目（　　）	是否完成项目（　　）
评价：优、良、差	评价：优、良、差	评价：优、良、差	评价：优、良、差

（3）老师指导：对操作现场进行安全检查，提醒学生注意安全，规范学生操作（表 57），解决并收集学生遇到的问题，指导班长协助管理。

表 57　学生规范操作表（二）

班长：

第一组组长	第二组组长	第三组组长	第四组组长
是否串岗（　　　）	是否串岗（　　　）	是否串岗（　　　）	是否串岗（　　　）
是否协调成员（　　）	是否协调成员（　　）	是否协调成员（　　）	是否协调成员（　　）
评价：优、良、差	评价：优、良、差	评价：优、良、差	评价：优、良、差

五、实训操作

1. 拆卸

（1）打开发动机舱盖，拆下发动机罩，如图 125 所示。

（2）拆下点火线圈上的插头及点火线圈上的螺栓，如图 126 所示。

图 125　发动机舱

图 126　拆下点火线圈上的插头与螺栓

（3）拔出点火线圈。点火线圈和缸体之间用橡胶密封，拔出时需要用点力，如图 127 所示。

图 127　拔出点火线圈

（4）利用套筒扳手组件拧松火花塞，取下火花塞。汽车上用的火花塞一般用 16mm 的六角套筒拆卸。如图 128 所示。

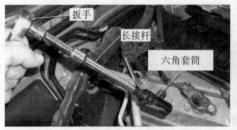

图 128　拆卸火花塞

2. 检查

火花塞电极的正常颜色为灰白色，如电极烧黑并附有积炭，则说明存在故障，如图 129 所示。检查时可将火花塞与缸体导通，用中央高压线触接火花塞的接线柱，然后打开点火开关，观察高压电跳位置。如电跳位置在火花塞间隙，则说明火花塞作用良好，否则需要予以更换。

图 129　火花塞电极

3. 调整

各种车型的火花塞间隙均有差异，一般应为 0.7~0.9mm。检查间隙大小，可用火花塞量规或薄的金属片进行，如图 130 所示。若间隙过大，可用螺钉旋具手柄轻轻敲打外电极，使其间隙正常，如图 131 所示；若间隙过小，则可利用螺钉旋具或金属片插入电极向外扳动，如图 132 所示。

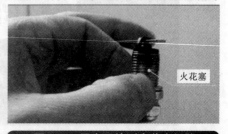

图 130　用塞尺检测火花塞间隙

图131　缩小火花塞间隙

用力把侧电极往外扳动
以此为支点
图132　增大火花塞间隙

侧电极

4. 安装

按拆卸火花塞过程的相反顺序安装，如图133所示。

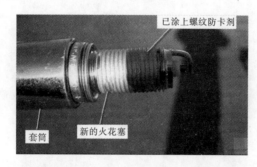
已涂上螺纹防卡剂
套筒
新的火花塞
图133　安装火花塞

注意

安装火花塞时，应该把火花塞固定（磁性套筒或使用双面胶）在套筒上，再把火花塞塞回原处安装。禁止把火花塞直接从安装孔放下，高度落差可能会使侧电极变形而造成间隙变小，导致提前跳火进而影响发动机平顺性。

六、练习与思考

（1）在拆装火花塞的过程中应该注意什么？

（2）如何判断火花塞的好坏？

七、实训报告

（1）成员实训报告如表58所示。

表 58　成员实训报告表

姓名		班级		分组		日期	
实训项目							
实训内容							
自己评语							
老师评语							

（2）组长实训报告如表 59 所示。

表 59　组长实训报告

姓名		班级		分组		日期	
实训项目							
实训内容							
第　　组							
姓名：		姓名：		姓名：		姓名：	
是否串岗（　　）		是否串岗（　　）		是否串岗（　　）		是否串岗（　　）	
是否完成项目（　　）		是否完成项目（　　）		是否完成项目（　　）		是否完成项目（　　）	
评价：优、良、差		评价：优、良、差		评价：优、良、差		评价：优、良、差	
自己评语							
老师评语							

（3）班长实训报告如表60所示。

表60　班长实训报告表

姓名		班级		分组		日期	
实训项目							
实训内容							
第一组		第二组		第三组		第四组	
是否串岗（　）		是否串岗（　）		是否串岗（　）		是否串岗（　）	
是否完成项目（　）		是否完成项目（　）		是否完成项目（　）		是否完成项目（　）	
评价：优、良、差		评价：优、良、差		评价：优、良、差		评价：优、良、差	
自己评语							
老师评语							

项目十　发动机的吊装

一、实训目的

（1）学会正确地使用发动机吊装工具。

（2）掌握从车上吊装发动机的方法。

二、实训前准备

（1）轿车 1 辆。

（2）举升机 1 台。

（3）发动机吊装架 1 台。

（4）工具：组合套筒、鲤鱼钳、尖嘴钳、带轮专用拉码、磁棒、扭力扳手、花键扳手、铁丝、扎带、电线胶带、纸胶带、圆珠笔、剪刀等。

三、老师讲解示范

（1）拆卸。

（2）检查。

（3）安装。

四、实训管理

（1）学生分组：每组 4~5 人。先让学生自己分组，选出 1 名组长并记录名字，然后视情况进行适当调整，如表 61 所示。

表61　学生分组表

第一组	第二组	第三组	第四组
组长：	组长：	组长：	组长：
成员：	成员：	成员：	成员：

（2）学生组长：协调成员，规范学生操作（表62）并收集遇到的问题。

表62　学生规范操作表（一）

第　　组			
姓名：	姓名：	姓名：	姓名：
是否串岗（　　）	是否串岗（　　）	是否串岗（　　）	是否串岗（　　）
是否完成项目（　　）	是否完成项目（　　）	是否完成项目（　　）	是否完成项目（　　）
评价：优、良、差	评价：优、良、差	评价：优、良、差	评价：优、良、差

（3）老师指导：对操作现场进行安全检查，提醒学生注意安全，规范学生操作（表63），解决并收集学生遇到的问题，指导班长协助管理。

表63　学生规范操作表（二）

班长：

第一组组长	第二组组长	第三组组长	第四组组长
是否串岗（　　）	是否串岗（　　）	是否串岗（　　）	是否串岗（　　）
是否协调成员（　　）	是否协调成员（　　）	是否协调成员（　　）	是否协调成员（　　）
评价：优、良、差	评价：优、良、差	评价：优、良、差	评价：优、良、差

 五、实训操作

1. 拆卸

（1）把汽车放正拆卸前轮，拆卸发动机后部左、右侧底罩，排放冷却液、变速器油，对燃油系统进行卸压。

（2）拆卸空气滤清器壳。

（3）拆卸蓄电池。断开蓄电池端子，拆下螺栓并松开螺母，拆卸蓄电池。

（4）拆卸蓄电池托架。

①从蓄电池托架上分离2个线束卡夹。

②拆下2个螺栓。

③从蓄电池托架上分离散热器管。

④拆下 4 个螺栓和蓄电池托架。

（5）从气缸盖上分离散热器 1 号软管。

（6）从进水软管上分离散热器 2 号软管。

（7）断开变速器控制拉索总成（手动传动桥）。

拆下 4 个卡子并断开 2 个变速器控制拉索。

（8）断开变速器控制拉索总成（CVT）。

①拆下螺母，并将变速器控制拉索总成从控制杆上断开。

②拆下卡子，并将变速器控制拉索总成从控制拉索支架上断开。

③从控制拉索支架上断开变速器控制拉索总成。

④拆下螺栓，并将变速器控制拉索卡夹从发动机后悬置隔振垫上断开。

（9）断开 1 号燃油蒸汽供给软管。

（10）断开单向阀软管接头。

（11）从加热装置上断开加热器出水软管。

（12）从加热装置上断开加热器进水软管。

（13）断开燃油管分总成。

①松开卡爪并拆下 1 号燃油管卡夹。

②捏住挡片，然后将燃油管插接器从燃油管上拉出。

（14）拆卸多楔带。

（15）拆卸发电机总成。

（16）分离带带轮的压缩机总成。

①断开插接器。

②拆下 2 个螺栓和 2 个螺母。

③用"TPRX"梅花套筒扳手（E8）拆下 2 个双头螺栓和带带轮的压缩机总成。

（17）断开线束。

①断开卡夹。

②拉起杆并断开 ECM 插接器。

③拆下 2 个螺母。

④将插接器和 2 个卡夹从发动机室接线盒上拆下，并断开线束。

⑤拆下 2 个螺栓（手动传动桥）。

⑥拆下螺栓和卡夹，并断开搭铁线（CVT）。

⑦断开所有线束和插接器，确保车身和发动机之间没有连接任何线束。

（18）固定转向盘。

（19）拆卸转向柱孔盖消音板。

（20）分离 2 号转向中间轴总成。

（21）断开 1 号转向柱孔盖分总成。

（22）断开加热型氧传感器。

（23）拆卸前排气管总成。

（24）拆卸左前桥轮毂螺母。

（25）拆卸右前桥轮毂螺母。

（26）断开左前轮转速传感器。

（27）断开右前轮转速传感器。

（28）分离左侧横拉杆接头分总成。

（29）分离右侧横拉杆接头分总成。

（30）分离左前稳定杆连杆总成。

（31）分离右前稳定杆连杆总成。

（32）分离左前悬架下臂。

（33）分离右前悬架下臂。

（34）分离左侧车桥轮毂的转向节。

①在半轴和车桥轮毂上做装配标记。

②使用塑料锤，断开左前桥总成。

（35）分离右侧车桥轮毂的转向节。

（36）拆卸前桥左半轴总成。

（37）拆卸前桥右半轴总成。

（38）拆卸飞轮壳底罩（CVT）。

（39）拆卸传动板和变矩器离合器固定螺栓（CVT）。

①用 SST 固定曲轴。

②拆下 6 个传动板和变矩器离合器固定螺栓。

（40）拆卸发动机前悬置支架下加强件。

（41）拆卸左前悬架横梁加强件。

（42）拆卸右前悬架横梁加强件。

（43）拆卸左前悬架横梁后支架。

（44）拆卸右前悬架横梁后支架。

（45）拆卸前悬架横梁分总成。

（46）断开离合器软管。

①使用 10mm 连接螺母扳手从挠性软管上断开离合器软管。

②拆下卡子并断开离合器软管。

（47）拆卸带传动桥的发动机总成。

①固定发动机升降机。

②拆下 4 个螺栓和前横梁分总成。

③拆下 2 个螺栓和螺母，分离发动机右侧悬置隔振垫分总成。

④拆下螺栓和螺母，分离发动机左侧悬置隔振垫。

⑤小心地将带传动桥的发动机从车辆上拆下。

（48）安装发动机吊架。

①断开 2 个卡夹和线束。

②拆下螺栓和线束支架。

③用 2 个螺栓安装 2 个发动机吊架。

扭矩：43N・m

（49）拆卸前横梁分总成。

①拆下螺栓和螺母。

②将发动机前悬置隔振垫从发动机前悬置支架上拆下。

（50）拆卸发动机前悬置隔振垫。

（51）拆卸发动机后悬置隔振垫。

（52）拆卸发动机左侧悬置隔振垫。

（53）拆卸发动机右侧悬置隔振垫分总成。

①拆下螺栓和螺母，并分离空调支架。

②拆下 3 个螺栓和发动机右侧悬置隔振垫分总成。

（54）向外拉动卡爪以将其分离，并拆下飞轮壳侧盖。

（55）拆卸起动机总成。

（56）拆卸半轴轴承支架。

（57）拆卸 6 号水旁通软管。

（58）拆卸 5 号水旁通软管（CVT）。

（59）拆卸手动传动轿总成（手动传动桥）。

（60）拆卸无级变速传动桥总成（CVT）。

（61）拆卸离合器分离缸至放气螺栓的管（手动传动桥）。

（62）拆卸离合器分离缸放气螺栓分总成（手动传动桥）。

（63）拆卸带轴承的离合器分离缸总成（手动传动桥）。

（64）拆卸离合器盖总成（手动传动桥）。

（65）拆卸离合器盘总成（手动传动桥）。

（66）拆卸飞轮分总成（手动传动桥）。

（67）拆卸传动板和齿叠分总成（CVT）。

（68）拆卸发动机线束。

（69）安装发动机台架。

将发动机放置在发动机台架上。

2. 安装

（1）拆卸。发动机台架。

①将吊链装置连接到发动机吊架上，并用起重机吊起发动机。

②从发动机台架上拆下发动机。

（2）安装发动机线束。

（3）安装传动板和齿叠分总成。

（4）安装飞轮分总成（手动传动桥）。

（5）安装离合器盘总成（手动传动桥）。

（6）安装离合器盖总成（手动传动桥）。

（7）检查并调节离合器盖总成（手动传动桥）。

（8）安装带轴承的离合器分离缸总成（手动传动挢）。

（9）安装离合器分离缸放气螺栓分总成（手动传动桥）。

（10）检查离合器管路（手动传动桥）。

（11）安装离合器分离缸放气螺栓分总成（手动传动桥）。

（12）安装离合器分离缸至放气螺塞的管（手动传动桥）。

（13）安装无级变速传动桥总成（CVT）。

（14）安装手动传动桥总成（手动传动桥）。

（15）安装 5 号水旁通软管（CVT）。

（16）安装 6 号水旁通软管（CVT）。

（17）安装半轴轴承支架（用 3 个螺栓安装半轴轴承支架）。

扭矩：64 N·m

（18）安装起动机总成。

（19）安装飞轮壳侧盖，将凸出部分插入气缸体尾端，并在沿气缸体推动时将卡爪装入气缸体。

（20）安装发动机前悬置隔振垫。暂时用 2 个螺栓安装发动机前悬置隔振垫。

（21）安装发动机后悬置隔振垫。用贯穿螺栓，将发动机后悬置隔振垫安装至发动机悬置支架。

扭矩：95 N·m。

（22）安装发动机左侧悬置隔振垫。用 4 个螺栓安装发动机左侧悬置隔振垫。

扭矩：95 N·m。

（23）安装发动机右侧悬置隔振垫分总成。

①用 3 个螺栓安装发动机右侧悬置隔振垫分总成。

扭矩：95N·m

②用螺栓和螺母将空调支架安装至发动机悬置隔振垫。

扭矩：9.8 N·m

（24）安装带传动桥的发动机总成。

①将带传动桥的发动机总成和前横梁分总成放置在发动机升降机上。

②拆下 2 个螺栓和 2 个发动机吊架。

③用螺栓安装线束支架。

扭矩：60 N·m

④连接 2 个卡夹和线束。

⑤操作发动机升降机，将带传动桥的发动机总成和前悬架横梁举升至可以安装发动机左侧悬置隔振垫和右侧悬置隔振垫的位置。

注　意

不要使发动机举升过高。如果发动机举升过高，车辆也可能被举升。

⑥用 4 个螺栓安装前横梁分总成。

扭矩：96 N·m

⑦使用贯穿螺栓和螺母安装发动机左侧悬置隔振垫。

扭矩：56 N·m

⑧用螺栓和 2 个螺母安装发动机右侧悬置隔振垫分总成。

扭矩：螺母 A 取 95 N·m，螺母 B：52 N·m，螺栓取 95 N·m。

（25）安装前横梁分总成。

①暂时用螺栓和螺母将发动机前悬置隔振垫安装至发动机前悬置支架。

②用 2 个螺栓紧固发动机前悬置隔振垫。

扭矩：95 N·m。

③用螺栓和螺母将发动机前悬置隔振垫紧固到发动机前悬置支架。

扭矩：145 N·m。

（26）安装离合器软管（手动传动桥）。

①连接离合器软管并将卡子安装至离合器软管。

②握住离合器软管时，用 10mm 连接螺母扳手将离合器软管连接至挠性软管。

扭矩：15 N·m。

（27）安装前悬架横梁分总成。

（28）安装左前悬架横梁后支架。

（29）安装右前悬架横梁后支架。

（30）安装左前悬架横梁加强件。

（31）安装右前悬架横梁加强件。

（32）安装发动机前悬置支架下加强件。

（33）安装传动板和变矩器离合器固定螺栓（CVT）。

①在6个传动板和变矩器离合器固定螺栓的前2或3个螺纹上涂抹几滴黏合剂。

②用SST固定曲轴。

③安装6个传动板和变矩器离合器固定螺栓。

扭矩：41N·m。

（34）安装飞轮壳底罩（CVT），将飞轮壳底罩安装至无级变速传动桥总成。

（35）安装前桥左半轴总成。

（36）安装前桥右半轴总成。

（37）安装左侧车桥轮毂的转向节，对准装配标记，并将前桥半轴总成连接至左前桥总成。

（38）安装右侧车桥轮毂的转向节。

（39）安装左前悬架下臂。

（40）安装右前悬架下臂。

（41）安装左前稳定杆连杆总成。

（42）安装右前稳定杆连杆总成。

（43）连接左侧横拉杆接头分总成。

（44）连接右侧横拉杆接头分总成。

（45）安装左前轮转速传感器。

（46）安装右前轮转速传感器。

（47）安装左前桥轮毂螺母。

（48）安装右前桥轮毂螺母。

（49）安装前排气管总成。

（50）安装加热型氧传感器。

（51）安装1号转向柱孔盖分总成。

（52）安装2号转向中间轴总成。

（53）安装转向柱孔盖消音板。

（54）安装线束。

①用2个螺栓安装搭铁线（手动传动桥）。

扭矩：13 N·m。

②用螺栓和卡夹安装搭铁线（CVT）。

扭矩：8.4 N·m。

③用 2 个螺母安装线束。

扭矩：8.4 N·m。

④将线束插接器和线束卡夹连接至发动机室接线盒。

⑤用卡夹和锁止杆将插接器连接到 ECM。

（55）安装带带轮的压缩机总成。

（56）安装发电机总成。

（57）安装多楔带。

（58）调节多楔带。

（59）检查多楔带。

（60）连接燃油管分总成。

①连接燃油管插接器和燃油管。

②按合卡爪并安装 1 号燃油管卡夹。

（61）用卡夹连接加热器进水软管。

（62）用卡夹连接加热器出水软管。

（63）用卡夹连接单向阀软管接头。

（64）用卡夹连接 1 号燃油蒸汽供给软管。

（65）安装变速器控制拉索总成（手动传动桥）。

①用 2 个新卡子将 2 个变速器控制拉索安装至控制拉索支架。

②用 2 个卡子，将变速器控制拉索安装至传动桥。

（66）安装变速器控制拉索总成（CVT）。

①用螺栓将变速器控制拉索卡夹安装至发动机后悬置隔振垫。

扭矩：5.0 N·m。

②将变速器控制拉索连接到拉索支架上。

③用新卡子将变速器控制拉索安装至变速器控制拉索支架。

④用螺母将变速器控制拉索连接至控制杆。

扭矩：12 N·m。

（67）连接散热器 2 号软管。

（68）连接散热器 1 号软管。

（69）安装蓄电池托架。

①用 4 个螺栓安装蓄电池托架。

扭矩：19 N·m。

②用 2 个螺栓连接散热器管。

扭矩：19 N·m。

③连接 2 个线束卡夹。

（70）安装蓄电池。

①安装蓄电池。

②用螺栓和螺母安装蓄电池卡夹。

扭矩：螺栓取 17 N·m，螺母取 3.5 N·m。

③安装蓄电池端子。

扭矩：54 N·m。

（71）安装空气滤清器壳。

①用 3 个螺栓安装空气滤清器壳。

扭矩：7.0N·m。

②将线束卡夹安装至空气滤清器壳。

③安装空气滤清器滤芯。

（72）安装空气滤清器盖分总成。

（73）向储液罐中添加制动液（手动传动桥）。

（74）对离合器管路进行放气（手动传动桥）。

（75）检查储液罐中制动液液位（手动传动桥）。

（76）添加手动传动桥油（手动传动桥）。

（77）检查并调节手动传动桥油液面（手动传动桥）。

（78）添加无级变速传动桥油（CVT）。

（79）检查无级变速传动桥油液面。

（80）检查变速杆位置（CVT）。

（81）调节变速杆位置（CVT）。

（82）添加发动机冷却液。

（83）添加发动机机油。

（84）检查发动机机油液位。

（85）检查燃油是否泄漏。

（86）检查发动机冷却液是否泄漏。

（87）检查机油是否泄漏。

 六、练习与思考

（1）从车上吊出发动机之前应注意哪些？

（2）从车上吊出发动机之前应拆卸哪些附件及总成？

（3）安装发动机时应注意哪些？

七、实训报告

（1）成员实训报告如表 64 所示。

表 64　成员实训报告表

姓名		班级		分组		日期	
实训项目							
实训内容							
自己评语							
老师评语							

（2）组长实训报告如表 65 所示。

表 65　组长实训报告

姓名		班级		分组		日期	
实训项目							
实训内容							
第　　组							
姓名：		姓名：		姓名：		姓名：	
是否串岗（　　）		是否串岗（　　）		是否串岗（　　）		是否串岗（　　）	
是否完成项目（　　）		是否完成项目（　　）		是否完成项目（　　）		是否完成项目（　　）	
评价：优、良、差		评价：优、良、差		评价：优、良、差		评价：优、良、差	
自己评语							
老师评语							

（3）班长实训报告如表66所示。

表 66　班长实训报告表

姓名		班级		分组		日期	
实训项目							
实训内容							
第一组		第二组		第三组		第四组	
是否串岗（　　）		是否串岗（　　）		是否串岗（　　）		是否串岗（　　）	
是否完成项目（　　）		是否完成项目（　　）		是否完成项目（　　）		是否完成项目（　　）	
评价：优、良、差		评价：优、良、差		评价：优、良、差		评价：优、良、差	
自己评语							
老师评语							